바빌론 부자의 비밀

The Richest Man in Babylon

지은이 **조지 S. 클레이슨**(George S. Clason, 1874~1957)

1874년 미주리주 루이지애나에서 태어났다. 네브라스카 대학교를 졸업하고, 1898년 미국-스페인 전쟁에 참전했다. 이후 출판업계에서 오랜 경력을 쌓기 시작한 그는 콜로라도주 덴버에 '클레이슨 지도 회사'를 설립해 최초로 미국과 캐나다의 도로 지도를 출간했다.

1926년 고대 바빌론을 무대로 절약과 경제적 성공에 관한 단편 우화 시리즈를 발행했다. 이 시리즈는 은행과 보험회사에 대량 배포되었고, 그 결과 수많은 사람들이 아는 익숙한 이야기가 되었다. 이 시리즈를 묶어 출간한 것이 바로 《바빌론 부자의 비밀(The Richest Man in Babylon)》이다.

이 책은 첫 출간된 지 거의 100년이 지났음에도 여전히 전 세계 수많은 독자들에게 영감을 주면서 계속 출간되고 있으며, 개인 재정에 관한 영원한 클래식으로 인정받고 있다.

조지 S. 클레이슨 지음

이정민 옮김

고대 바빌론의 현자가 들려주는
부를 부르고 지키는 황금의 법칙

바빌론 부자의 비밀

The Richest Man in Babylon

월요일의꿈

한 국가의 번영은 국민 개개인이 얼마나 풍족하게 사느냐에 따라 결정된다.

　이 책은 개개인의 성공에 대해 다루고 있다. 성공이란 우리 스스로의 노력과 능력의 결과로 얻은 성취를 의미한다. 성공하기 위해서는 충분한 준비가 필요하다. 충분히 준비된 사람은 상황을 적절히 이해하고, 그 이해를 바탕으로 판단을 내린 다음, 현명하게 행동할 줄 아는 자이다. 이렇게 준비된 자만이 성공의 열쇠를 거머쥘 수 있다.

　가난을 극복하는 비법이 담긴 이 책은 독자들 사이에서 '돈의 흐름에 대해 이해할 수 있는 안내서'로 알려졌다. 사실 바로 이것이 내가 이 책을 집필한 목표이다. 경제적 성공을 갈망하는 이들이 이 책을 통해 돈을 벌고, 저축하며, 여유자금을 가지고 더 큰 돈을 모을 수 있도록 도움을 주고자 했다.

앞으로 펼쳐질 이야기에서 우리는 바빌론 시대로 돌아가 보려 한다. 바빌론은 오늘날 전 세계에서 사용되고 있는 경제 활동의 기본 원리가 만들어진 요람이었다.

이 책이 은행 계좌를 더 늘리고 싶고, 경제적으로 보다 성공하길 바라며, 재정적 문제의 해결책을 찾고 있는 전 세계 독자들에게 영감을 줄 수 있기를 희망한다.

친구나 친척, 직원, 동료들에게 이 책을 아낌없이 나눠주었던 기업 경영진들에게 이 자리를 빌려 감사의 인사를 전한다. 이분들은 현장에서 일하면서 이 책이 강조하는 원칙을 그대로 적용하면서 실제로 성공을 이뤄낸 분들이다. 이들의 찬사보다 더 훌륭한 추천사는 없을 것이다.

바빌론이 고대 세계에서 가장 부유한 도시가 된 것은 바빌론 시민들이 그 시대 가장 부유한 사람들이었기 때문이다. 이들은 돈의 가치를 중요시했다. 이들은 돈을 벌고, 모으고, 모은 돈으로 더 많은 돈을 벌어들이는, 경제활동의 원리를 착실히 지켰다. 이들은 지금 우리 모두가 바라는 것, 바로 미래를 위한 수입을 스스로 만들어낸 사람들이었다.

조지 S. 클레이슨

1장.
황금을 꿈꾸는 남자

반시르는 바빌론에서 마차를 만들며 근근이 먹고살았다. 어느 날 그는 모든 의욕을 상실한 채 자기 집 낮은 담에 걸터앉아 애처로운 눈빛으로 자그마한 집과 만들다 만 마차가 놓인 작업장을 바라보았다.

아내가 작업장과 연결된 문으로 뻔질나게 드나들며 자신을 힐끔힐끔 바라보자, 그제야 반시르는 쌀독이 텅 비었다는 사실을 알아차린다. 이는 만들다 만 마차를 빨리 완성해야 한다는 뜻이었다. 망치질과 톱질, 연마작업을 한 후 도색을 하고, 바퀴 테두리에 가죽을 평평하게 대어 마차를 완성해야 했다. 그러고는 그 마차를 곧바로 고객에게 전해주어야 돈을 벌 수 있었다.

하지만 반시르의 근육질 몸뚱이는 꼼짝하지 않은 채 그냥 앉아만 있었다. 반시르는 아무리 생각해도 답을 찾아낼 수 없는 문제로 고민에 고민을 거듭하는 중이었다. 유프라테스 강 유역의 뜨겁고도 뜨거운 햇볕이 오롯이 그를 향해 내리쬐고 있었다. 이마에 맺힌 땀방울이 하나둘 뚝뚝 떨어져 그의 덥수룩한 가슴털 사이로 사라져갔다.

반시르의 집 너머에는 왕의 궁전을 둘러싼 계단식으로 된 담이 우뚝 솟아 있었다. 바로 그 근처 푸른 하늘 사이로 벨 신전의 채색된 탑이 보였다. 이 웅장한 건물은 반시르의 조그만 집을 포함해 수많은 이들의 초라하고 보잘것없는 집들 위에 짙은 그림자를 드리우고 있었다. 바빌론은 바로 이런 모습이었다. 웅장함과 초라함, 눈부실 정도의 부유함과 텅 빈 쌀독을 걱정하는 극심한 빈곤이 뒤섞인 이곳은 거대한 성벽 안에 온갖 계층이 모여 사는 도시였다.

또한 그가 돌아서서 세심히 관찰만 했다면 부자와 빈자, 상인, 노예들이 보여주는 다양한 차이도 볼 수 있었다. 부자들을 태운 시끄러운 마차는 맨발로 돌아다니는 거지와 신발은 신고 있는 상인들을 길가로 밀쳐내고 있었다. 하지만 그런 부자마저도 노예들에게 길을 비켜줘야 할 때가 있었다. 노예들이 '왕의 과업'인 공중정원(空中庭園, 바빌론에 세워진 계단 모양의 정원으로 세계 7대 불가사의 중 하나에 속한다_옮긴이)에 물을 대려고 염소가죽으로 만든 무거운 물지게를 지고 긴 줄로 늘어서 이동할 때가 바로 그런 경우였다.

반시르는 자신의 문제에 지나치게 열중한 나머지 이 도시의 혼란스러운 소음에 귀를 기울이지 못했다. 생각에 빠져 있던 그를 현실로 돌아오게 한 것은 뜻밖에도 익숙한 수금 소리였다. 반시르는 소리가 나는 쪽으로 고개를 돌렸다. 그의 가장 친한 친구이자 수금 연주가인 코비가 웃는 얼굴로 서 있었다.

"반시르, 신께서 자네에게 커다란 축복을 내리시기를 바라네."

코비는 정중하게 인사하며 이렇게 말했다.

"하지만 이렇게 한가로이 앉아 있는 걸 보니, 이미 커다란 축복을 받은 것 같군. 자네의 행운에 나 또한 기쁘다네. 내게도 자네의 축복을 좀 나눠주지 않겠나? 나라면 기꺼이 그렇게 할 걸세. 내게 단 2셰켈만 빌려주지 않겠나? 오늘 밤 귀족들의 잔치가 끝나면 갚도록 하겠네. 내가 그 연회장에서 수금을 연주하기로 했으니, 반드시 갚겠다고 약속하겠네."

반시르는 우울한 표정으로 답했다.

"내게 2셰켈이 있다 해도 누구에게도 빌려줄 수 없을 것이네. 내 가장 친한 친구인 자네에게조차 말일세. 그게 내가 가진 전부, 즉 내 전 재산일 테니까. 그 누구라도 자기 전 재산을 빌려줄 순 없는 것 아니겠는가. 상대가 아무리 가장 친한 친구라 해도 말일세."

"뭐라고?"

코비는 정말 놀란 목소리로 소리쳤다.

"자네, 지갑에 단돈 한 푼이 없는데도 조각상처럼 그렇게 가만히 앉아 있었단 말인가? 마차도 만들다 만 것 같고…… 자네답지 않구먼. 자네의 그 엄청난 에너지는 다 어디로 갔나? 무슨 괴로운 일이라도 생겼는가? 신께서 자네에게 무슨 무거운 짐이라도 지우신 건가?

반시르는 동의하듯 고개를 끄덕이며 말했다.

"그래, 분명 신께 벌을 받은 것 같네. 이 모두가 덧없는 꿈에서 시작되었어. 꿈속에서 나는 부자였네. 허리띠에 매달려 있는 내 멋진 지갑은 동전으로 가득했지. 거지들에게 별생각 없이 던져주어도 한참이나 남아 있었네. 아내에게 아름다운 옷을 사주고, 내가 갖고 싶은 모든 걸 살 만큼의 은화도 있었다네. 게다가 은화를 다 써도 전혀 문제 될 것 없다는 생각이 들 정도의 금화도 있었어. 꿈속이었지만 그렇게 행복할 수가 없었다네! 자네조차 한껏 꾸민 나를 알아보지 못했지. 만날 일만 하는 내 모습만 봐왔으니 말이야. 행복에 겨워 얼굴에 주름 하나 보이지 않는 내 아내를 알아보는 사람도 하나 없었지. 아내는 신혼 초 아름답게 웃던, 바로 그 얼굴을 되찾은 것 같았어."

"정말 즐거운 꿈이었겠군. 그런데 그렇게 유쾌한 꿈을 꾸고서도 자네는 왜 우울한 조각상처럼 벽에 기대어 멍하니 있었던 건가?"

"아니, 왜라니! 그 꿈에서 깨어나 보니 내 지갑은 텅텅 비어 있지 않았겠나. 배신감이 확 밀려들었지. 그래, 자네나 나나 비슷한 입장이니까 우리 솔직하게 이야기를 나눠보세. 젊은 시절 우리는 지혜를 얻겠다고 함께 제사장을 찾아가기도 했지. 청년 시절에는 각자의 기쁜 일들을 함께 나누었고, 이렇게 나이가 들어서도 늘 가까운 친구로 지내왔어. 우리는 지금까지 이런 삶에 만족하면서 살아왔네. 지난 세월 동안 꽤 많은 돈을 벌었지만, 그 많던 돈은 다 어디로 갔나? 오랜 시간을 힘겹게 일해서 번 돈을 별생각 없이 써대기만 했지. 우리가 부를 통해 얻는 기쁨에 대해서는 아직 모르고 있는 게 사실이야. 그걸 알기 위해서는 부에 대한 꿈을 꾸어야 해. 아! 우리는 바보 같은 짐승이나 다를 것 없는 존재인 걸까? 지금 우리는 이 세상에서 가장 부유한 도시에 살고 있지 않은가. 이곳을 여행하는 사람들도 부유함으로 바빌론에 비할 도시는 그 어디에도 없다고 이야기하지 않나. 정말 우리 주변에는 온갖 보물이 널려 있네. 하지만 정작 우리에겐 아무것도 없지 않은가. 반평생을 고생만 하며 지냈는데도, 내 가장 친한 친구인 자네는 빈 지갑을 내게 보이며 '내게 단 2셰켈만 빌려주지 않겠나? 오늘 밤 귀족들의 잔치가 끝나면 반드시 돌려주겠네'라고 말하네. 내가 뭐라고 대답해야 하지? 이렇게 말하면 되겠나? '기꺼이 내 돈을 빌려주겠네'라고? 아니, 내 돈주머니도 자네의 그것과 마찬가지로 텅텅 비어 있네. 도대체 왜 우리가 이런 신세가 된 거지? 왜 우리는 배불리 먹고 멋지게 차려입고도 남을 만큼의 돈을 벌지 못하는 거냐고!"

반시르는 이어서 계속 이야기했다.

"우리 아이들도 한번 생각해보게나. 아이들은 우리의 발자취를 그대로 따를 수밖에 없지 않겠는가? 저 부자들은 평생을 금은보화가 가득한 집에서 살아갈 텐데, 우리는 겨우 쉰 내 나는 염소젖과 죽에 만족하며 살아가야 하지 않겠나?"

코비는 반시르의 말에 어리둥절해하며 말했다.

"반시르, 자네와 오랜 시간을 함께 보냈지만 이런 얘기를 한 적은 한 번도 없지 않았나."

"그랬지. 예전에는 단 한 번도 이렇게 생각해본 적이 없었지. 그 누구도 만들 수 없는 훌륭한 마차를 만들기 위해 이른 새벽부터 어둠이 다가올 때까지 노력해왔어. 언젠가 신께서 가치 있는 일을 하고 있는 나를 인정해주시고 큰 복을 내려주시길 진심으로 바랐지. 하지만 그런 일은 단 한 번도 일어나지 않았어. 결국 나는 신이 절대로 내게 그런 축복을 내려주지 않을 거라는 사실을 깨달았지. 그렇기 때문에 이렇게 슬픈 거라네. 나는 부자가 되고 싶어. 내 땅과 내 소를 갖고 싶고, 좋은 옷과 돈이 가득 든 지갑을 갖고 싶네. 내 손으로 할 수 있는 모든 방법을 활용하고, 머릿속으로 해낼 수 있는 모든 생각을 다 해서 이 목표를 위해 있는 힘을 다할 생각이야. 하지만 그런다 한들 내 노력이 정당한 보상을 받을 수 있을까? 도대체 우리에게 무슨 문제가 있는 건가? 다시 한번 자네에게 묻겠네. 뭐든지 살 수 있는 금을 쌓아놓고 사는 이들도 있는데, 대체 왜 우리는 정당한 보상조차 받지 못하는 건가?"

이에 코비가 답했다.

"그 이유를 알 것 같네! 자네와 마찬가지로 나 역시 수금을 연주해 번 수입이 금방 사라져버리네. 내 가족을 굶기지 않으려면 그 돈을 써야 하니까 말이야. 또 내 마음속에는 아주 멋진 수금을 장만해야겠다는 꿈이 있다네. 가슴속에서 솟구치는 선율을 완벽하게 연주해줄 그런 수금을 말이지. 이런 악기만 있다면, 바빌론 왕이 결코 어디서도 들어본 적 없는 훌륭한 음악을 만들 수 있을 거야."

"자네라면 당연히 그런 수금을 가질 자격이 있지. 바빌론에서 자네만큼 감미로운 연주를 하는 사람이 어디 있는가. 왕뿐 아니라 신까지도 자네의 연주에 기뻐하게 될 거야. 하지만 우리 둘 다 왕의 노예만큼이나 가난한데 그런 악기를 어디서 구할 수 있겠는가? 종이 울리는구먼! 노예들이 지나가고 있어."

반시르는 상의를 벗어젖힌 노예들이 힘겹게 물을 길어오고 있는 행렬을 가리켰다. 이들은 땀을 흘리며 강에서부터 좁은 길로 힘들게 올라오고 있었다. 다섯이 나란히 물지게를 지고 있었는데, 이들 모두 염소가죽 통에 담긴 물의 무게에 허리를 잔뜩 굽혀야만 했다.

코비는 행렬 맨 앞에 서 있는, 물통 대신 종을 매단 채 그 종을 울리며 걸어가는 사람을 가리켰다.

"저 앞에서 걸어가는 친구는 생긴 것도 말끔한데 말이야. 아마 자기 고향에서는 꽤나 유명한 사람이었겠지."

반시르도 동의했다.

"맞아. 이들 모두 우리와 다름없는 사람들이지. 북쪽에서 끌려온 키 큰 금발 남자들, 남쪽에서 끌려온 흑인 남자들, 근 방에서 끌려온 키 작은 황갈색 피부의 남자들. 이들 모두 멀 쩡한 남자들이야. 하지만 하루도 빠짐없이 강에서 정원까지 물 긷는 행군을 해야 하는 노예일 뿐이지. 이들이 기대할 만 한 행복한 일은 하나도 없어. 종일토록 물지게를 나른 후에는 짚으로 엮은 잠자리에서 자야 하고, 먹기에는 너무 굳어버린 곡물죽이 이들의 유일한 식량이네. 정말 불쌍한 이들 아니겠 는가!"

"내가 보기에도 이들은 너무 불쌍하다네. 하지만 우리가 스스로를 자유민이라 부른다 한들, 우리의 삶이 저들의 삶과 크게 다를 바 없지 않은가."

"코비, 씁쓸하긴 해도 그게 맞는 말이네. 우리는 매일같이 반복되는 노예의 삶을 원하는 게 아닌데 말이야. 반복해서 일만 하며 살고 있지 않은가! 결국 아무런 진전 없이 그저 그렇게 살고 있으니 말일세.

그때 코비가 물었다.

"다른 사람들은 대체 어떻게 돈을 버는 거지? 어떻게 하면 부자가 될 수 있는지 우리가 알아낼 방법은 없는 걸까?"

코비의 갑작스런 질문에 반시르는 잠시 생각에 잠겼다가 답했다.

"우리가 아는 사람에게서 그 방법을 구한다면, 알아낼 수도 있지 않을까."

그러자 코비가 말했다.

"바로 오늘 말이야. 우리의 옛 친구 아카드가 황금으로 만든 마차를 타고 지나가는 것을 봤네. 물론 그 정도 지위를 가진 사람들이 다 그렇듯 아카드도 내게 큰 관심을 보여주진 않았지만, 그래도 모든 구경꾼이 볼 수 있을 정도로는 손을 흔들며 인사를 건네주었지. 옛날처럼 우정 어린 미소도 지어 보였고."

반시르가 생각에 잠겨 말했다.

"아카드가 바빌론에서 가장 부유한 사람이라고 알려져 있지?"

"심지어 왕까지도 아카드에게 도움을 청한다고 하네. 아카드가 그 정도로 부자라는 소문이 자자해……."

코비가 답하고 있을 때 반시르가 끼어들듯 말했다.

"그렇게 부자라고 하니, 한밤중에 몰래 그를 찾아가 두둑한 그의 지갑에 손을 댈까 두렵구먼."

코비가 나무라듯 말했다.

"어디, 자네가 그럴 리 있겠나. 그리고 아카드가 허리에 매고 다니는 지갑에 그의 전 재산이 들어 있는 게 아닐세. 아무리 두둑한 지갑이라도 다시 채워 넣어줄 황금 물줄기가 없다면 순식간에 쪼그라들고 말지. 아카드에게는 얼마든지 쓰더라도 그의 지갑을 끊임없이 다시 채워줄 수입원이 있는 거라고."

이 말을 들은 반시르는 뭔가 깨달은 듯 외쳤다.

"수입원이라? 바로 그거야! 내가 오늘처럼 멍하니 앉아 있든, 먼 나라를 여행하든, 내 지갑으로 계속해서 돈이 들어올 수입원이 필요한 거였어. 아카드라면 그런 수입원을 만들어내는 방법을 분명 알고 있을 거야. 그가 나처럼 우둔한 사람에게도 분명하게 알려줄 수 있을까?"

코비가 대답했다.

"내 생각엔 아카드가 자기 아들 노마시르에게 자신이 알고 있는 바를 가르쳤을 거라고 봐. 듣자 하니 노마시르는 지금 니네베에 있다고 하던데. 아카드의 도움을 받지 않았다면 어떻게 니네베에서 제일가는 부자가 될 수 있었겠나?"

반시르의 눈이 반짝거렸다.

"코비, 자네 덕분에 이런 생각까지 하게 되는구먼. 훌륭한 친구에게 조언을 구하지 못할 이유가 어디 있겠나? 아카드라면 분명 그 비밀을 가르쳐줄 거야. 작년에 봤던 텅 빈 새 둥지처럼 우리 지갑도 텅 비어 있지만 너무 걱정하지 말자고. 계속해서 이렇게 살 수는 없지 않겠는가. 우린 풍요로운 도시에서 아무것도 갖지 못한 삶에 지쳤어. 이제는 부자가 되었으면 좋겠네. 자, 당장 아카드를 찾아가서 어떻게 우리도 부자가 될 수 있는지 물어보도록 하세."

"반시르, 자네 말이 맞아. 자네 덕분에 나도 새로운 생각을 하게 되었어. 왜 내가 그동안 부의 수단을 갖지 못했는지 깨닫게 된 걸세. 우리는 안정적인 수입원에 대해서는 한 번도 생각해보거나 찾아본 적이 없었지. 물론 자네는 바빌론에서 가장 견고한 마차를 만들기 위해 끈질기게 노력해왔고, 그 목표를 위해 최선을 다했어. 그래서 마차를 만드는 일에서는 성공을 거두지 않았는가. 나 역시 실력 있는 수금 연주가가 되기 위해 부단히 애써왔고. 그 일을 해냈지.

우리가 최선을 다해 노력한 분야에서 분명 우리는 성공을 거두었네. 그리고 우리가 이렇게 살아가는 것이 신의 뜻이라 생각했네. 하지만 우리는 이제야, 마침내 떠오르는 태양에서 눈부시게 빛나는 밝은 빛을 보게 되었네. 우리가 보다 풍족하게 살 수 있다는 사실에 대해 깨닫게 되었어. 바로 이 새로운 깨달음으로 우리는 각자가 바라던 열망을 성취할 수 있는 좋은 방법을 찾아내게 될 걸세."

반시르가 코비를 재촉하며 말했다.

"코비, 오늘 당장 아카드에게 찾아가 보세. 우리와 마찬가지로 힘겹게 살아가고 있는 옛 친구들까지 불러서 아카드를 만나러 가보자고. 우리 모두가 아카드의 지혜를 함께 나눌 수 있다면 이보다 좋은 일이 또 있겠는가?"

"반시르, 자네는 정말 친구를 소중히 여기는 사람일세. 그러니 자네에게 친구들이 그렇게 많은 거겠지. 그렇게 하세. 오늘 당장 친구들을 데리고 함께 가서 아카드의 비밀에 귀를 기울여보세."

2장.

바빌론 최고의 부자

고대 도시 바빌론에는 아카드라는 부자가 살고 있었다. 엄청난 재력가로 널리 알려진 그는 돈을 쓰는 데 인색하지 않았고 가난한 사람들에게도 자신의 재산을 베풀 줄 아는 사람이었다. 아카드는 가족들과 자기 자신을 위해서도 아낌없이 돈을 썼다. 그렇게 하는데도 그의 재산은 하루가 다르게 늘어만 갔다.

아카드의 어린 시절 친구들이 마침내 그를 찾아왔다.

"아카드, 자네는 우리보다 훨씬 더 운이 좋은 사람인가 보군. 우리가 지금껏 근근이 살아가는 동안, 자네는 바빌론에서 가장 부유한 사람이 되지 않았는가. 자네는 가장 좋은 옷을 입을 수 있고, 진귀한 음식도 맛볼 수 있겠지. 하지만 우리는 가족들에게 흉하지 않을 정도의 옷을 입히고, 끼니를 겨우 해결하면서도 이 정도의 삶에 만족하며 지내야 한다네.

하지만 옛날에는 우리 모두가 똑같이 살지 않았는가. 같은 스승에게 배우고, 함께 즐겁게 놀았지. 공부할 때나 놀 때나, 자네가 우리보다 훨씬 뛰어났던 것 같진 않은데 말이야. 그런데 지금 자네는 우리보다 훨씬 훌륭한 인물이 되어 있군.

우리 생각엔 자네가 우리보다 훨씬 더 열심히 일하거나 성실하게 살아온 것 같진 않은데……. 그렇다면 왜 변덕스러운 운명은 자네를 선택한 것일까? 자네와 똑같은 자격이 있는 우리는 왜 무시하고 자네에게만 생의 가장 좋은 것들을 허락했을까?"

친구들의 이야기를 듣고 있던 아카드는 이렇게 대답했다.

"자네들이 아직까지 근근이 살아가고 있는 이유라면 말일세. 그건 아마 자네들이 재산을 모으는 법칙에 대해 몰랐거나, 그 법칙에 따라 살지 않았기 때문일 거야.

'변덕스러운 운명'은 그 누구에게도 영원한 재물을 허락하지 않는 잔인한 여신이라네. 또한 이 잔인한 여신은 노력 없이 얻은 황금을 흩뿌리듯 써대는 사람들을 가차 없이 파멸시키기도 하지. 한편 그녀는 우리가 황금을 대책 없이 낭비하도록 만들기도 해. 그래서 사람들은 힘들게 모은 재산을 순식간에 탕진해버리는 걸세. 결코 만족할 수 없는 엄청난 식욕과 욕망에 사로잡혀 모든 재산을 날려버리는 거지. 혹은 이와는 정반대로 지독한 구두쇠가 되어 재산을 비축해두기만 하기도 하지. 이들은 모아놓은 돈을 다시 벌어들이는 방법을 모르기 때문에 금고에 넣은 돈을 한 푼도 쓰지 않으려고 전전긍긍하네. 이들은 심지어 매일매일 재산을 도둑맞을지도 모른다는 두려움에 사로잡힌 채, 그야말로 공허한 삶을 살고 있어. 결국 스스로를 비참한 삶의 나락으로 몰고 가는 거지.

하지만 이들 부류와는 전혀 다른 사람들도 있어. 손쉽게 황금을 벌어들일 뿐 아니라 계속해서 그 부를 쌓고 쌓아서 행복하고 만족스럽게 사는 이들도 있지. 물론 이런 사람들은 극소수에 불과해. 나도 그런 사람들에 대해 소문으로만 들었지, 직접 아는 이는 없어. 하지만 갑작스럽게 재산을 물려받은 사람은 결코 이런 사람이 되지 못한다네. 자네들이 아는 사람 중에 이런 경우가 있다면 한번 생각해보게. 과연 이들이 만족스러운 삶을 살고 있던가?"

친구들은 아카드의 말을 인정할 수밖에 없었다. 그들이

아는 이들 중에서도 갑자기 재산을 물려받은 사람은 결코 바람직한 삶을 살고 있지 않았기 때문이다. 친구들은 아카드에게 어떻게 그처럼 많은 재산을 모을 수 있었는지 알려달라고 간절히 부탁했다. 이에 아카드는 그 비밀에 대해 하나씩 풀어놓기 시작했다.

"젊은 시절 내 주위를 둘러보면서 행복과 만족감을 가져다주는 모든 좋은 것들은 도대체 어디에 있는지 꼼꼼히 살폈네. 그리고 돈이 있어야 행복할 수 있다는 진리를 깨달았지. 돈이 있다면 그 어떤 일도 가능하게 된다는 사실을 깨닫게 되었어.

돈이 곧 힘이었네.

돈이 있다면 모든 걸 할 수 있었어.

돈이 있다면 가장 좋은 가구들로 집을 꾸밀 수 있어.

돈이 있다면 먼 바다로 항해할 수도 있지.

돈이 있다면 먼 곳까지 가서 맛있는 음식을 실컷 먹고 올 수도 있어.

돈이 있다면 아름다운 장신구를 살 수도 있지.

돈이 있다면 신을 위해 거대한 신전을 지을 수도 있어.

돈이 있다면 이 모든 일을 할 수가 있어.

돈이 있다면 이 세상을 즐겁게 누리면서 영혼까지 만족시킬 수 있는 수많은 것들을 할 수 있다네.

이런 진리를 깨달은 순간, 나는 내 삶에서 누릴 수 있는 좋은 것들을 반드시 누려야겠다고 결심했네. 다른 사람들이 누리는 모습을 구경이나 하면서 그들을 부러워하는 그런 사람은 되지 않겠다고 결심한 거지. 그저 남부끄럽지 않을 정도의 값싼 옷을 입는 삶이나, 가난한 사람이 누리는 것에 만족하지 않기로 했지. 이와는 반대로, 좋은 것들로 가득한 연회장에 나 자신을 주인공으로 세우겠다고 결심한 거야.

자네들도 알다시피, 나는 가난한 장사꾼의 아들로 태어났네. 재산을 물려받을 가능성이 전혀 없는 대가족의 일원이었지. 자네들이 말했듯 나는 탁월한 지혜나 힘을 지닌 사람도 아니어서, 내가 바라던 것을 이루기 위해서는 시간과 공부가 필요하다고 생각했네.

먼저 시간에 대해 이야기해보겠네. 모든 이들이 똑같이 풍족하게 가진 것이 바로 시간이지. 자네들 각자는 이미 부유해질 수 있었던 엄청난 시간을 낭비한 거라네. 지금까지 무엇을 이루어냈는가? 자네들이 인정하듯, 자네들이 내세울 만한 거라곤 소중한 가족들 외에는 없지 않은가?

이번에는 공부에 대해 생각해보게. 우리를 가르치셨던 훌륭한 스승님께서 우리에게 배움은 두 종류라고 말씀하시지 않았던가. 하나는 우리가 배워서 아는 것이고, 다른 하나는 우리가 모르는 것을 찾아내는 방법을 배우는 것이지.

그래서 나는 돈을 버는 방법을 알아내기로 결심했네. 그 방법을 찾았을 때, 이것을 내 과업으로 삼고 반드시 성취해내겠다고 다짐했지. 우리에게 죽음이 닥친다면 오로지 슬픔만 가득할 테니, 살아 숨 쉬고 있는 동안에는 이 햇빛 가득한 날들을 제대로 즐겨야 하지 않겠는가?

그래서 나는 시청에 일자리를 얻어 필경사가 되었네. 매일 오랜 시간 동안 점토판에 글을 새기는 일에 전념했지. 매주, 매달 그렇게 열심히 일했건만 내 수입은 보잘것없었네. 먹을 것과 입을 것, 그 밖에 필요한 것들을 사느라 수입은 금방 사라지고 말았어. 하지만 나는 내가 결심한 바를 잊지 않았지.

그러던 어느 날, 대금업자*인 알가미쉬가 시청에 찾아

---

*   본문에 등장하는 '대금업자(money lender)'라는 용어는 본래 '남에게 돈을 빌려주고 이자를 받는 것을 직업으로 하는 사람'을 뜻하지만, 이 책에서는 대금업자가, 지금의 은행처럼 돈을 맡아서 자산을 늘려주는 역할도 함께 한다. _옮긴이

와서 아홉 번째 법률문의 사본을 요청했네. 그가 내게 말하길, 이틀 안에 이 문서를 작성해주면 동전 두 닢을 주겠다고 했어.

그래서 나는 밤늦게까지 그 사본을 만들었어. 하지만 법률문이 너무 길어서 그가 돌아왔을 때까지 그 일을 끝내지 못했지. 알가미쉬는 무척이나 화를 내더군. 만약 내가 그의 노예였다면 그에게 한참 두들겨 맞았을 거라고 하면서 말이야. 하지만 누가 감히 시청 직원에게 그렇게 할 수 있겠나? 그렇게 생각하니 두려움이 사라졌던 나는 그에게 이렇게 말했어. '알가미쉬 선생님, 당신은 정말 부유한 분이지 않습니까. 어떻게 하면 선생님 같은 부자가 될 수 있는지 제게 가르쳐주십시오. 그렇게 해주시겠다고 약속하신다면, 제가 밤을 새워서라도 점토판에 모든 글을 새겨 내일 아침 해가 뜰 때까지 이 문서를 완성해놓겠습니다.'

알가미쉬는 웃으며 내게 답했지.

'자네는 아직 어린 나이인데도 흥정이라는 걸 할 줄 아는군. 좋아, 그럼 그렇게 하도록 하지.'

허리가 쑤시고 양초 심지 냄새에 눈앞이 깜깜해질 정도로 머리가 아팠지만, 나는 밤새도록 점토판에 글을 새겼네.

다음 날 아침 알가미쉬가 시청을 찾아왔을 때, 나는 완성된 점토판을 그에게 내밀었어.

'자, 이제 약속한 대로 해주십시오.'

내가 이렇게 말하니 그가 친절하게 답했어.

'여보게, 자네는 우리가 한 약속을 지켰네. 그러니 나도 약속을 지켜야 하겠지. 자네가 원하는 것에 대해 이야기해주겠네. 나도 이제 늙은 몸이 되었고, 늙은이는 이런저런 이야기하는 것을 좋아하니까 말일세. 젊은이가 나이 든 사람에게 조언을 구하면, 오랜 세월 동안 축적한 지혜를 얻을 수 있다네. 하지만 젊은이들은 노인들이 이미 지나간 낡은 지혜만 알고 있다고 생각한다네. 그래서 자신에게는 아무런 이득도 없다고 치부해버리는 게지. 하지만 이 사실을 기억하도록 하게. 오늘을 비추고 있는 태양은 자네의 아버지가 태어났을 때도 빛나고 있었고, 자네의 손자가 생을 마감할 때도 여전히 빛나고 있을 거라는 사실을 말일세.'

그는 계속해서 이야기를 이어갔어.

'젊은이들의 생각은 하늘을 눈부시도록 밝히면서 지나가는 유성과 같아. 하지만 유성의 휘황찬란한 빛은 한순간 사라지고 말지. 하지만 노인들의 지혜는 선원이 항로로 나아가는

데 도움을 주는, 변하지 않고 항상 그 자리를 지키고 있는 별과 같다네.

내 말을 잘 새겨듣게. 그렇지 않으면 내가 말하는 진실에 대해 제대로 이해하지 못하게 될 것이야. 그렇게 되면 자네가 밤새도록 한 일이 모두 허사가 되어버리겠지.'

그런 뒤 그는 덥수룩한 눈썹 아래 예리한 눈빛으로 나를 바라보았어. 그러면서 나지막하지만 강한 어조로 말했지.

'부자가 되는 방법은 간단하네. **버는 것보다 덜 쓰게. 그리고 자네가 번 돈의 일부를 반드시 저축해야 하네!** 그렇게 하면 자네도 반드시 언젠가는 부자가 될 걸세.'

그렇게 말한 뒤 그는 나를 뚫어지게 바라보았어. 하지만 더는 아무 말도 하지 않았지.

'그게 전부라고요?'

'양치기 소년을 지금의 나로 만들어준 비법이 담긴 이야기지.'

'하지만 제가 번 돈을 전부 저축할 수도 있는 것 아닙니까? 그렇게 하면 더 빨리 부자가 될 수 있지 않을까요?'

'그렇지 않네. 자네는 돈을 내고 옷을 사지 않는가? 신발도 사야 하지 않나? 먹는 것은 어떻게 하나? 돈을 한 푼도 쓰지 않고 이곳 바빌론에서 살아갈 수 있는가? 지난달 월급을 받기 위해 자네는 어떻게 했나? 작년에는 어떻게 했어? 자네가 번 돈을 모두 저축하는 게 가능한 일이겠는가? 다른 사람들에게 그들이 노력한 대가를 지불하지 않고서는 살아갈 수가 없다네. 누구나 흘린 땀만큼 정당한 보상을 받아야 하는 법이니까. 노예도 마찬가지라네. 주인을 위해 땀 흘려 일한 대가로 입고, 먹고 할 수 있는 게 아닌가. 오늘부터 자네가 번 돈의 10분의 1을 꾸준히 저축한다면, 앞으로 10년 후에는 얼마를 벌 수 있겠는가?'

그의 질문에 계산을 해보고 나는 이렇게 답했어.

'제 계산이 맞다면, 1년 치 월급 정도일 것 같습니다.'

'그렇지. 하지만 절반만 맞는 답일세. 자네가 저축한 돈은 자네를 위해 일해줄 노예와도 같다네. 자네가 저축한 동전 하나하나가 자네를 위해 돈을 벌어다 주는 자식이 되어야 하는 거지. 돈이 돈을 벌어다 주는 법이거든. 자네가 바라는 풍요로움은 작은 것에서 시작된다는 진리를 결코 잊지 말게.'

알가미쉬는 잠시 내 반응을 살피더니, 안타까운 표정을 지으며 덧붙여 말했네.

'어제 밤새도록 일해서 약속을 지켰는데도, 내가 자네를 속이고 있다고 생각하는 것 같구먼. 내가 자네에게 알려준 말의 뜻을 제대로 이해한다면, 나는 자네가 어제 밤새 일한 것을 천배 이상으로 갚은 셈이네.'

그러면서 그는 계속해서 말했네.

'자네가 번 돈의 일부는 반드시 저축해야 하네. 돈을 아무리 적게 번다 해도 수입의 10분의 1 이상은 저축해야 하네. 자네가 감당할 수 있는 수준보다는 저축액이 더 많아야 하네. 자네 자신을 위한 저축을 우선시하게. 그러니 저축하고 남은 돈으로 살 수 없는 옷이나 신발은 사서는 안 되네. 식비와 자선을 베풀 돈, 그리고 신께 바칠 돈은 따로 떼어두게.

재산이란 나무와도 같아서 처음에는 조그마한 씨앗 하나에서 시작된다네. 자네가 가장 먼저 저축한 그 동전이 재산이라는 나무로 성장해나갈 씨앗이 되는 거야. 자네가 그 씨를 빨리 뿌릴수록 그 나무는 그만큼 빠르게 성장하게 될 거야. 자네가 꾸준한 저축을 통해 보다 충실히 나무에 영양분을 공급하고 물을 줄수록, 자네는 나무가 드리워주는 그늘 아래에서 더 빠르게 만족을 누리게 될 걸세.'

그렇게 말하고 나서 알가미쉬는 점토판을 들고 돌아갔네.

나는 그가 말해준 것을 곰곰이 생각해보았지. 그랬더니 그의 말에 일리가 있는 것 같았어. 그래서 나는 그가 알려준 대로 시도해보기로 했어. 월급을 받을 때마다 10분의 1을 떼어서 감춰두었어. 이상하게 들릴 수도 있지만, 그만큼의 돈이 없어도 예전보다 부족한 느낌이 들지 않았네. 그만큼의 돈이 없이도 그럭저럭 지낼 수 있었기 때문에, 생활에 별 차이가 느껴지지 않았던 거지. 하지만 내가 가진 재산이 늘어나기 시작하면서, 페니키아에서 낙타와 배를 타고 건너온 좋은 물건들을 사고 싶다는 생각이 들 때가 많았지. 하지만 그 유혹을 이겨냈던 게 현명한 일이었지.

그렇게 1년이 지났을 무렵 알가미쉬는 다시 나를 찾아왔네. 그러고는 이렇게 물었지.

'자네는 지난 1년 동안 번 수입에서 10분의 1을 착실하게 모았는가?'

나는 자랑스럽게 대답했지.

'그럼요. 선생님의 가르침대로 했습니다.'

그가 나를 보고 환하게 웃으며 말했어.

'훌륭하구먼. 그럼 그 돈으로 무엇을 했나?'

'저는 그 돈을 벽돌공인 아즈무르에게 주었습니다. 그는 지금 먼바다를 여행하는 중인데 티레(페니키아의 항구도시_옮긴이)에서 페니키아인들이 만드는 진귀한 보석을 사 오겠다고 했거든요. 아즈무르가 돌아오면 저는 그와 함께 그 보석들을 고가에 팔아 수익을 나눌 생각입니다.'

그러자 그는 내게 화를 버럭 내며 말했지.

'바보 같은 녀석들 같으니라고. 그러니까 배워야 하는 거야. 자네는 도대체 어떻게 벽돌공이 보석에 대해 잘 알 거라 믿는 건가? 자네는 제빵사에게 가서 별에 대해 물어보겠는가? 자네가 생각이 있는 사람이라면, 분명 점성가를 찾아가겠지. 젊은이, 자네가 저축한 돈은 이미 공중으로 사라져버렸어. 자네는 부자가 될 나무를 뿌리째 뽑아버린 것이야. 하지만 너무 낙담하진 말게. 또 다른 나무를 심으면 되니까. 다시 해보는 거야. 만일 다음번에도 보석에 대한 조언과 도움이 필요하다면, 보석상인을 찾아가도록 하게. 양에 대해 알고 싶다면, 목동을 찾아가고. 누구에게나 조언을 얻을 수 있지만, 자네에게 가치 있는 조언만 받아들여야 한다네. 저축을 해본 경험이 없는 사람에게서 저축에 대해 조언을 구하는 사람은 어떻게 되겠는가? 결국 자기가 저축한 돈을 모두 날려버림으로써 그의 의견이 거짓이었다는 사실을 깨닫게 되겠지.'

그는 이렇게 말하고는 떠나버렸네.

결국 그가 말한 대로 되어버렸어. 무뢰한 같은 페니키아 인들은 아즈무르에게 보석처럼 생긴 쓸모없는 유리 조각들을 돈을 받고 팔았던 거야. 하지만 나는 알가미쉬가 말해준 대로 수입의 10분의 1을 다시 저축하기 시작했지. 이렇게 저축하는 일은 이제 습관이 되어 더 이상 어려운 일이 아니었네.

그렇게 열두 달이 지나고, 알가미쉬는 또다시 필경사들이 모인 방으로 나를 찾아왔네.

'내가 자네를 마지막으로 본 그때 이후, 어느 정도 발전이 있었는가?'

'네. 저는 착실히 돈을 모았고, 그렇게 모은 돈을 방패를 만드는 아가르에게 빌려주었습니다. 그는 청동을 사는 데 그 돈을 쓰고, 넉 달에 한 번씩 제게 이자를 내고 있습니다.'

'그래, 이젠 잘하고 있군. 그럼 그 이자로는 무엇을 하고 있는가?'

'꿀과 고급 와인, 향신료가 들어간 케이크를 먹으며 연회를 즐깁니다. 그리고 진홍색 튜닉(고대 그리스·로마 사람들의 가운 같은 웃옷_옮긴이)을 하나 샀습니다. 그리고 다음번에는 제가 탈 어린 당나귀를 한 마리 사려고 합니다.'

알가미쉬는 웃으며 말했다.

'자네는 저축한 돈을 모두 먹어 없애버리는구먼. 그렇게 하면 어떻게 그 돈이 자네에게 효과적으로 쓰일 거라 기대할 수 있겠는가? 그리고 어떻게 자네에게 도움이 될 또 다른 수익을 얻을 수 있겠는가? 돈으로 돈을 벌어야 하네. 그렇게 하면 언젠가는 풍성한 연회를 마음껏 즐길 수 있게 될 걸세.'

그렇게 말한 후 그는 다시 떠났어. 그 이후로 2년 동안은 그를 보지 못했네. 그가 다시 내게 왔을 때 그의 얼굴은 깊게 팬 주름으로 가득했고, 눈꺼풀은 축 처져 있었지. 그는 너무나 늙어 보였어. 그가 내게 말했지.

'아카드, 자네가 꿈꾸던 부를 축적했는가?'

나는 답했지.

'아직 제가 원하는 만큼은 아니지만, 어느 정도는 모았습니다. 그리고 그 돈이 돈을 벌어주고 있습니다.'

'그럼 자네는 여전히 벽돌공에게 조언을 얻고 있는가?'

'벽돌 만드는 일에 대해서는 그들이 좋은 조언을 주고 있지요.'

'아카드, 이제야 자네가 내가 가르쳐준 교훈을 제대로 이해했군. 버는 것보다 덜 쓰는 것, 이것이 첫 번째 교훈이었어.

두 번째는 자네가 구하는 조언에 합당한 경험을 지닌 사람으로부터 조언을 구하라는 교훈이었지. 그리고 마지막으로 돈으로 돈을 벌어야 한다는 교훈을 알려줬어.

　자네는 스스로 돈을 버는 법과 그 돈을 지키는 법, 그리고 돈을 사용하는 방법에 대해 깨우쳤네. 그러니 이제 자네는 책임감 있는 일을 맡을 자격이 있는 거네. 나는 점점 더 늙은 노인네가 되어가고 있네. 그런데 내 아들들은 오로지 돈을 쓰는 일만 생각하지 돈을 모을 생각은 하질 않고 있네. 내가 가진 자산은 상당해서 늙은 내가 이 모두를 관리하려니 걱정이 이만저만이 아닐세. 자네가 니푸르에 가서 내 땅을 관리해준다면 나는 자네를 내 동업자로 삼아 내 재산의 일부를 떼어주도록 하겠네.'

　그래서 나는 필경사를 그만두고 니푸르로 가서 그의 엄청난 재산을 관리하게 되었지. 그 시절 나는 야망이 넘쳐나는 젊은이였던 데다 재산을 모으는 세 가지 법칙을 직접 터득했기 때문에, 그의 재산을 더 크게 불릴 수 있었네. 물론 나 역시 더 많은 돈을 벌 수 있었고. 그리고 알가미쉬가 영원히 어둠 속으로 떠났을 때 그가 미리 준비해둔 법적 절차에 따라 그의 재산 일부를 물려받게 되었네."

아카드는 이렇게 자신의 이야기를 마쳤다. 그러자 친구 중 한 명이 이렇게 말했다.

"알가미쉬가 자네에게 상당한 유산을 물려주었다니, 자네는 정말 운 좋은 사람이군!"

"과연 그럴까? 알가미쉬를 만나기 전부터 부자가 되고 싶다는 의지를 가지고 있었다는 점에서는 운이 좋았다고 말할 수 있을 거야. 하지만 4년 동안 내가 번 수입의 10분의 1을 계속해서 저축했던 일에 대해서는 어떻게 말하겠는가? 바로 이런 내 의지와 실천이 내 단호한 결심을 증명해 보인 것 아니겠는가? 수년간 물고기의 습성을 연구해 바람이 바뀔 때마다 그에 맞게 그물을 던질 줄 아는 어부에게, '당신은 그저 운 좋은 사람이네요'라고 말할 수 있겠는가? 기회란, 준비되지 않은 사람에게는 결코 시간을 낭비하지 않는 도도한 여신이나 마찬가지일세."

이에 다른 친구가 말했다.

"자네는 첫해에 모은 돈을 모두 잃고 나서도 부자가 되겠다는 강한 의지를 계속 갖고 있었어. 자네는 그런 면에 있어서 남달랐던 거지."

그러자 아카드가 반박하며 말했다.

"강한 의지라고 말했나? 이건 단순히 의지력만의 문제가 아닐세. 자네는 의지가 있다고 해서 낙타가 스스로 짊어질 수 없는 짐을 들어 올릴 수 있게 된다고 생각하나? 아니면 소가 꿈쩍도 하지 않는 짐을 의지만으로 끌 수 있게 된다고 생각하는 건가? 의지는 스스로가 성취하기 위해 정해놓은 목표를 수행해내겠다는 단호한 결심일 뿐이네. 만일 내가 스스로 해낼 특정한 일을 정해놓는다면, 그 일이 아무리 작고 사소한 일이라 할지라도 나는 그 일을 끝까지 실천할 거야. 그렇게 하지 않고서 어떻게 중요한 일을 해낼 자신감을 가질 수 있겠는가?

만일 내가 스스로에게 100일 동안 다리를 건너 도시로 들어가는 길에 조약돌을 하나 주워 개울가에 던지겠다고 말한다면, 나는 반드시 그 일을 실천할 거네. 일곱째 되는 날 조약돌 던지는 일을 기억하지 못해 그냥 지나치게 된다면, '내일 조약돌을 2개 던지면 되니까 오늘은 그냥 지나쳐도 되겠지'라고 스스로에게 말하는 대신, 다시 그 길을 돌아가 조약돌 하나를 던지고 올 거네. 스무 번째 날에도 나 스스로에게 '아카드, 이건 쓸모없는 일이야. 매일매일 조약돌을 던진다고 무슨 소용이 있겠어? 한꺼번에 돌멩이를 한 움큼 집어 던지고 이제 끝내버려'라고 말하지도, 그렇게 행동하지도 않을 거야. 나는 스스로 할 일을 정해놓으면, 반드시 그 일을 완수하네. 그래서 나는 실행 불가능한 어려운 일은 아예 시작하지 않으려고 하네. 쓸데없는 고생은 하고 싶지 않으니까 말일세."

그러자 또 다른 친구가 소리 높여 말했다.

"만일 자네 말이 사실이고, 자네가 말한 대로 부자가 되는 방법이 그렇게 어려운 게 아니라면 말일세. 그 누구라도 해낼 수 있는 일이니 이 세상에 부자는 넘쳐날 테고, 그렇다면 이 세상에 남아 있는 재산이 얼마 없을 것 아니겠는가?"

이 질문에 아카드가 답했다.

"우리가 땀 흘려 일하는 곳이라면 어디서든 부는 늘어나네. 만일 어떤 부자가 멋진 저택을 하나 짓는다고 가정해보세. 그가 지불한 돈이 모두 사라져버리겠는가? 그렇지 않지. 벽돌공이 돈의 일부를 받고, 인부와 예술가도 돈을 받게 될 거야. 그 저택을 짓는 데 동원된 모든 사람이 그 비용의 일부를 받게 되는 거지. 하지만 저택이 완성되면, 저택을 짓는 데 들어간 것보다 더 높은 가치가 매겨지지 않겠나? 저택이 들어선 땅은 어떻게 될까? 공터로 있었을 때보다 훨씬 더 높은 가격이 매겨지겠지? 재산은 마법과 같은 방법으로 늘어난다네.

그 누구도 재산의 한계를 예측할 수 없어. 페니키아인들은 바다 위 무역선에서 벌어들인 돈으로 황무지에 그처럼 커다란 도시를 세우지 않았는가?"

또 다른 친구가 물었다.

"그렇다면 자네가 우리에게도 부자가 되는 방법에 대해 조언을 해주겠는가? 벌써 세월이 많이 흘러 우리는 더 이상 예전의 그 젊은이들이 아닐세. 게다가 우리에게는 모아둔 돈도 없다네."

"알가미쉬가 내게 전해준 지혜를 자네들에게 그대로 말해주고 싶네. '내가 벌어들인 돈의 일부는 무조건 저축한다!' 아침에 일어났을 때 자기 스스로에게 먼저 이렇게 말하도록 하게. 오후에도 이렇게 중얼거리고, 밤에도 이렇게 되뇌도록 하게. 매일매일 매시간 이렇게 말하게. 하늘 위 수놓아진 별들처럼, 그 말이 스스로의 마음판에 새겨질 때까지 반복해서 말하게.

그 생각을 자신에게 강력히 주입시켜야 해. 그 생각이 자네들의 머릿속에 가득 차도록 하는 거야. 그런 다음 자네들에게 적절하다고 생각하는 만큼을 저축하게. 단, 최소한 수입의 10분의 1은 반드시 넘어야 하네. 필요하다면 다른 지출을 조절해야 하네. 반드시 저축할 돈을 먼저 떼어놓아야 해. 자네들은 머지않아 자네들만의 보물을 소유한다는 것 자체가 얼마나 풍요로운 감정을 가져다주는지 깨닫게 될 걸세. 그 보물이 늘어나면 날수록 그 감정은 더욱더 커질 거야. 인생에서 새로운 기쁨이 자네들을 설레게 할 걸세. 그렇게 자네들은 더 많은 돈을 벌기 위해 더 많이 노력하게 될 거야. 하지만 늘어난 수입에 대해서도 똑같은 비율로 저축하겠다는 생각이 들지는 않겠지?

그렇다면 돈이 돈을 만드는 방법을 배우도록 하게. 돈을 자네들의 노예로 삼아서, 돈으로 돈을 만들게. 그렇게 만들어진 돈으로 또 돈을 만드는 거야.

그러기 위해서는 자네들의 미래를 위한 안전한 수입원을 찾아야 하네. 주변의 노인들을 눈여겨보고, 앞으로 자네들에게도 그렇게 나이 들 때가 올 거라는 사실을 잊지 말도록 하게. 나이가 들어서도 자네들의 보물을 잃지 않도록 주의해가며 투자해야 한다네. 지나치게 높은 이자를 약속하는 자들의 유혹에 빠져선 안 되네. 이들은 경솔한 자들을 기만하는 사기꾼들이니까.

그리고 다른 이들에게 자선을 베풀어야만 하네. 자네 가족들에게 필요하지 않은 것들을 나눠주어도 좋아. 자선단체에 기부하는 돈이야말로 자네들을 지켜주는 안전장치라고 여기게. 정기적으로 적은 금액을 기부하는 방식도 괜찮아. 그 돈을 아끼면 더 빨리 부자가 될 수 있을 거라 생각하겠지만, 신중하게 생각해보면 결코 그렇지 않네.

그리고 현명한 사람들과 의논하도록 하게. 매일 돈을 다루는 일을 하는 사람들에게 가서 조언을 구하게. 이들의 조언은 내가 벽돌공인 아즈무르의 판단을 믿고 내 돈을 맡겼던 것과 같은 실수를 범하지 않도록 해줄 것일세. 적더라도 안전한 수익을 얻는 길이 모험을 하는 것보다 훨씬 더 바람직한 일이야.

또한 사는 동안 인생을 즐기도록 하게. 과로하거나 지나치게 많은 돈을 모으려고 하지는 말게. 자네들이 버는 수익의 10분의 1을 모으는 일이 어렵지 않게 되었다면, 이렇게 유지하며 지내는 것에 만족하게나. 자네들의 수입에 맞춰 각자의 삶을 살고, 자네들 스스로가 인색해지거나 소비하는 것 자체를 두려워하지는 말도록 하게. 다들 주위를 한번 둘러보게. 인생이 얼마나 아름다운가. 가치 있는 것과 즐길 것들로 이렇게 가득 차 있지 않은가.”

친구들은 아카드에게 감사의 인사를 전하고 떠났다. 그 중에는 아카드의 이야기를 충분히 이해하지 못해 아무 말 없이 조용히 돌아가는 친구들도 있었다. 또 어떤 친구들은 아카드 같은 부자라면 그렇지 못한 오랜 친구들에게 재산을 좀 나눠주어야 하는데 그렇게 하지 않았다며 빈정대기도 했다. 하지만 이 가운데에서도 몇몇 친구들의 눈은 새로운 깨달음으로 반짝였다. 이들은 알가미쉬가 어둠에서 빛을 향해 나아가는 아카드를 지켜보고 있었기 때문에 매번 필경사들이 모인 방으로 그를 찾아왔다는 것을 알았다. 알가미쉬가 그 빛을 찾아냈을 때, 그 장소는 그를 기다리고 있었던 것이다. 아카드가 기회를 잡을 준비가 되기 전까지는, 그 누구도 그 자리를 채울 수 없었다.

이 마지막 무리가 바로 이후에도 아카드를 종종 찾아갔던 친구들이었다. 아카드는 매번 기꺼이 그들을 반겼다. 아카드는 계속해서 친구들에게 조언을 해주었고, 수많은 경험을 지닌 이들이 늘 그렇게 하듯 자신이 얻은 지혜를 친구들에게 한껏 나누어주었다. 또한 아카드는 친구들이 저축한 돈을 투자하는 일을 도와 안전하게 수익을 얻게 했고, 돈을 잃거나 배당금을 지급하지 못하는 투자에 얽히지 않게 도왔다.

바로 그날, 알가미쉬가 아카드에게, 그리고 아카드가 친구들에게 전해준 진리를 그들이 깨달았던 그날이 친구들에게 인생의 대전환이 찾아온 때였다.

버는 것보다 적게 쓰라!
그리고 번 돈의 일부를 반드시 저축하라!

3장.
가난한 자를 위한 일곱 가지 처방

바빌론의 영광은 지금 이 시대까지도 계속해서 전해져 온다. 오랜 세월에 걸쳐 바빌론은 가장 부유한 도시이자 온갖 보물로 가득한 곳이라는 명성이 이어져 왔다.

하지만 바빌론이 항상 그랬던 것은 아니다. 바빌론의 부유함은 그 도시 사람들이 지녔던 지혜의 결과물이었다. 이들도 처음에는 부자가 되는 방법을 배워야 했다.

훌륭한 왕 사르곤이 적군인 엘람 사람들을 물리치고 바빌론으로 돌아왔을 때, 그는 심각한 상황과 마주하게 되었다. 왕실의 재상은 다음과 같이 설명했다.

"폐하께서 광대한 관개수로와 신을 위한 거대한 성전을

지으셨기 때문에 시민들은 여러 해 동안 크게 번영을 누리며 살아왔습니다. 하지만 이 모든 공사가 끝난 지금은 시민들이 스스로의 삶을 부양할 수 없는 상황인 듯합니다.

일꾼들에게 일자리가 없습니다. 상인들에게도 손님이 거의 찾아오지 않고요. 농부들은 자기가 생산한 곡식을 팔 수가 없습니다. 시민들의 수중에 더 이상 먹고살 돈이 없기 때문입니다."

재상의 말에 사르곤 왕이 물었다.

"그렇다면 우리가 지금까지 엄청난 발전을 이루는 데 쓰인 금화가 모두 어디로 갔단 말인가?"

재상이 답했다.

"유감스럽게도 우리 도시에서 매우 부유한 몇몇 사람들에게로 모두 가버렸습니다. 이 금화는 염소젖이 여과기를 빠져나가는 것처럼 빠르게 이들의 손에 넘어갔습니다. 이렇게 금화의 흐름이 막혀 있으니, 시민들 대부분은 자기 수입으로 아무것도 할 수 없는 실정입니다."

왕은 잠시 생각에 잠겼다. 그런 다음 재상에게 물었다.

"왜 부유한 몇몇 자들이 금화 전부를 갖게 된 것인가?"

재상이 답했다.

"그들이 금화를 모으는 방법을 알고 있기 때문입니다. 이들을 비난할 수도 없는 것이, 이들은 정당하게 성공하는 방법을 알고 있기 때문이지요. 정의를 추구하기 위함이라 해도, 능력이 부족한 자들에게 나눠주려고 이들이 정당하게 얻은 재산을 빼앗을 수도 없는 노릇입니다."

왕은 다시 물었다.

"하지만 모든 시민이 금화를 모으는 방법을 배워서 부자가 되고 풍요롭게 살아야 하지 않겠나?"

"충분히 그럴 수 있을 것 같습니다, 폐하. 하지만 그 방법을 누가 가르칠 수 있을까요? 성직자들은 분명 아닐 테지요. 이들은 돈 버는 일에 관해서는 아무것도 모르니까요."

"바빌론에서 부자가 되는 방법에 대해 가장 잘 아는 자가 누구이겠는가, 재상?"

"폐하, 폐하께서 물으시는 질문 그 자체가 답이 아닐까요. 바빌론에서 가장 부자가 누구입니까?"

"역시 유능한 재상이군. 자네 말이 맞네. 바로 아카드겠군. 그가 바빌론에서 가장 부유한 자 아닌가. 내일까지 아카드를 이 자리로 데리고 오게."

다음 날이 되자, 왕이 명한 대로 아카드가 왕의 앞에 찾아왔다. 그는 일흔의 나이에도 등이 곧고 원기 왕성한 모습이었다.

사르곤 왕이 말했다.

"아카드, 자네가 바빌론 최고의 부자가 맞는가?"

"예, 폐하. 말씀하신 대로입니다. 아무도 이 사실에 이의를 제기하지 않았사옵니다."

"그렇다면 자네는 어떻게 그처럼 부유한 자가 되었는가?"

"훌륭한 우리 도시 바빌론의 모든 시민에게 열려 있는 기회를 활용했기 때문입니다."

"자네가 처음에는 가진 게 아무것도 없었다는 소문이 있던데 사실인가?"

"오로지 부에 대한 커다란 열망만 있었을 뿐입니다. 그 외에 제가 가진 건 아무것도 없었습니다."

왕이 계속해서 말했다.

"아카드, 지금 바빌론의 상황이 매우 심각하다네. 부를 얻는 방법을 아는 자가 얼마 되지 않아 오직 이들만이 부를 독점하고 있어. 반면 대부분의 시민들은 그 방법을 몰라서 자기가 번 돈조차 지키지 못하고 있다네.

바빌론이 이 세상에서 가장 부유한 도시가 되는 것이 내가 바라는 바일세. 그러려면, 이 도시는 부유한 사람들로 가득 차야 하지 않겠는가. 그러니 우리는 모든 시민에게 부를 얻는 방법을 가르쳐야만 한다네. 아카드, 내게 말해보겠나. 부를 축적하는 비법이 따로 있는 것인가? 자네가 그 방법을 가르칠 수 있겠는가?"

"네, 폐하. 물론입니다. 제가 알고 있는 방법을 다른 이들에게 전달할 수 있습니다."

왕의 눈빛이 반짝반짝 빛났다.

"아카드, 내가 듣고 싶었던 대답을 자네가 해주는구먼. 자네가 이 중요한 일에 도움을 줄 수 있겠나? 자네가 알고 있는 바를 학교의 선생들에게 전해주고, 선생들이 바빌론 곳곳을 돌아다니며 온 백성에게 그 지식을 가르칠 이들을 훈련시키는 거야."

아카드는 왕에게 고개를 숙이며 말했다.

"저는 폐하의 명령을 떠받들 보잘것없는 종에 불과합니다. 바빌론의 모든 백성과 폐하의 영광을 위해 제가 알고 있는 모든 것을 기꺼이 바치도록 하겠습니다. 재상께 100명이 들어갈 수 있는 장소를 마련하도록 지시해주십시오. 그러면 제가 이들에게 바빌론 전역에서 그 누구의 것보다 얕팍했던 제 지갑을 두툼하게 만들어주었던 일곱 가지 방법을 가르치겠습니다."

2주 후, 왕의 명령에 따라 선별된 100명의 시민들이 배움의 성전 대강당에 모였다. 화려하게 채색된 의자들은 강단을 향해 반원형으로 놓여 있었다. 아카드는 작은 탁자 옆에 앉았다. 탁자 위에는 기분 좋은 향을 뿜어내는 향로가 놓여 있었다.

아카드가 자리에서 일어나자, 한 사람이 자기 옆자리에 앉은 이를 팔꿈치로 슬쩍 찌르며 속삭였다.

"저 사람이 바빌론 최고의 부자라는데, 우리와 별다를 것 없어 보이네요."

아카드가 이야기를 시작했다.

"위대한 왕의 충성스런 신하로서, 저는 여러분 앞에 섰습니다. 한때는 저도 굉장히 부자가 되기를 열망하던 가난한 젊은이였지요. 부를 얻을 수 있는 지혜를 찾아낸 사람이기에, 폐하께서 제가 가진 지혜를 여러분에게 전해줄 것을 요청하셨습니다.

저는 아주 간단한 방법으로 재산을 모으기 시작했습니다. 저는 바빌론에 살고 계신 여러분이나 여느 시민들보다 전혀 나을 것 없는 환경에서 살았던 사람이지요.

제 재산의 첫 번째 창고가 되어준 것은 바로 낡은 제 지갑이었습니다. 저는 제 지갑이 쓸모없이 텅 비어 있는 상태가 싫었습니다. 저는 제 지갑이 두둑하게 채워져 있기를 바랐고, 가득 찬 금화가 쨍그랑 소리를 내기를 바랐습니다. 그래서 저는 얄팍한 지갑을 두둑하게 만들어줄 모든 방법을 찾았습니다. 그리고 결국 일곱 가지 방법을 찾아냈지요.

제 앞에 계신 여러분께 얄팍한 지갑을 두둑하게 하는 방법 일곱 가지를 설명해드리겠습니다. 이것은 금화를 얻길 바라는 모든 분께 제가 정말로 추천하는 방법입니다. 일주일 동안 하루에 한 가지씩, 총 일곱 가지 방법을 설명해드리도록 하겠습니다.

제가 전하는 지혜에 귀 기울여주십시오. 저와 함께 이에 대해 논해봅시다. 여러분들끼리 서로 의논해보기도 하시고요. 철저히 이 교훈에 대해 배우면 여러분의 지갑에 부의 씨앗이 자라나게 될 것입니다. 우선 여러분 각자가 현명하게 자신의 재산을 늘리는 일을 시작해야 합니다. 그렇게 하면 여러분은 이 지혜를 다른 사람들에게도 가르칠 수 있는 능력이 생길 겁니다.

저는 이제 여러분께 각자의 지갑을 두둑하게 만드는 간단한 방법에 대해 알려드릴 겁니다. 이것이 바로 부의 성전으로 향하는 첫 번째 단계이며, 이 첫 번째 단계를 단단히 다져두지 않은 사람은 그다음 단계로 넘어갈 수가 없다는 사실을 명심하십시오.

이제 그 첫 번째 방법에 대해 알려드리도록 하죠."

첫 번째 비법

일단 돈을 벌고, 그중 10분의 9만 지출하라

아카드는 두 번째 줄에 앉아 있는 진지해 보이는 한 남성에게 말을 건넸다.

"어떤 일을 하고 계십니까?"

그 남자가 답했다.

"저는 필경사입니다. 점토판에 기록을 새기는 일을 하고 있습니다."

"아, 그러세요? 저 역시 필경사로 일하면서 돈을 벌기 시작했습니다. 그러니 당신도 저와 똑같이 부를 쌓을 수 있는 기회를 가진 셈입니다."

아카드는 더 먼 자리에 앉아 있는, 혈색 좋아 보이는 남성에게 물었다.

"당신은 무슨 일을 하면서 먹고사는지 말씀해주실 수 있을까요?"

그 남자가 답했다.

"저는 정육점 주인입니다. 목축민들에게서 염소를 사 와서 주부들에게는 고기를 판매하고, 신발 제조업자들에게는 가죽을 팔고 있습니다."

"당신 또한 일을 하면서 돈을 벌고 있군요. 결국 성공하기 위한 모든 조건을 갖추고 있는 셈입니다."

이런 방식으로 아카드는 그 자리에 모인 모든 이들이 각각 어떻게 생계를 유지하고 있는지 알아냈다. 아카드는 모든 이들에게 질문을 끝내고 나서 이렇게 말했다.

"자, 여러분. 이제 우리는 돈을 벌 수 있는 수많은 거래 방식과 다양한 직종이 있다는 사실을 알게 되었습니다. 우리 각자가 돈을 버는 방법이 각자의 지갑을 채워주는 황금 물줄기가 되는 셈이지요. 이렇게 돈을 벌고 있기 때문에 여러분은 각자의 능력에 따라 지갑에 많든 적든 돈을 모아둘 수 있습니다. 그렇지 않습니까?"

이들은 아카드의 말에 동의했다.

아카드가 계속해서 말했다.

"그렇다면 여러분 각자가 부를 쌓기 원한다면, 이미 가지고 있는 부의 원천을 활용하는 것이 현명한 방법 아니겠습니까?"

아카드의 말에 사람들은 고개를 끄덕였다.

그러자 아카드는 자신을 달걀 파는 상인이라고 소개한 겸손해 보이는 한 남자에게로 향했다.

"만일 당신이 바구니를 하나 골라서 아침마다 그 바구니에 달걀 열 개를 넣고, 저녁마다 아홉 개를 꺼내면, 결국 그 바구니는 어떻게 되겠습니까?"

"시간이 지나면 그 바구니에 달걀이 넘쳐나게 되겠죠."

"왜 그렇지요?"

"제가 매일 달걀을 꺼내지만, 바구니에 꼭 하나씩은 남겨두고 아홉 개씩만 꺼내기 때문에 달걀이 매일 하나씩 늘어나니까요."

아카드는 미소를 지으며 돌아섰다.

"그럼 혹시 이 자리에 텅 빈 지갑을 갖고 계신 분이 계십니까?"

아카드의 말에 모두 웃었다. 심지어 몇몇은 자신들의 얄 팍한 지갑을 장난스레 흔들어 보이기도 했다.

아카드가 계속해서 말했다.

"좋습니다. 그럼 이제 두둑한 지갑을 만들기 위해 제가 배 웠던 첫 번째 방법에 대해 말씀드리겠습니다. 정확히 제가 달 걀상인에게 말했던 대로 하시면 됩니다. 여러분의 지갑 안에 있는 동전 10개 중 9개를 제외한 하나는 절대로 써서는 안 됩 니다. 이렇게 하면 여러분의 지갑은 그 즉시 두툼해지기 시작 할 겁니다. 늘어나는 지갑의 무게를 느낄 때마다 여러분의 기 분도 좋아질 것이며, 여러분의 영혼 또한 만족하게 될 것입 니다.

제 가르침이 너무 단순하다고 비웃지 마십시오. 진실이란 언제나 단순한 법이니까요. 제가 어떻게 재산을 모았는지 여 러분께 말씀드렸지요. 이것이 바로 제가 처음 시작한 방법입 니다. 저 또한 얄팍한 지갑을 가지고 출발했고, 그 안에 제 욕 망을 충족시켜줄 만한 것이 없었기 때문에 처음에는 그 지갑 을 저주했습니다. 하지만 제가 지갑에 넣은 열 개의 동전 중 아홉 개만을 꺼내 쓰기 시작했을 때, 제 지갑은 두둑해지기 시작했습니다. 여러분의 지갑 또한 그렇게 될 것입니다.

아주 이상한 이야기를 하나 해보겠습니다. 저도 그 이유를 도무지 알 수 없는 이야기입니다. 제가 더 이상 수입의 10분의 9 이상을 소비하지 않고 지냈을 때에도, 제 생활은 이전과 다르지 않았습니다. 신기하게도 예전에 비해 부족함이 없었습니다. 게다가 이전보다 더 쉽게 돈이 모이기 시작했습니다. 그 이유가 무엇인지는 몰라도, 수입의 일정 부분을 쓰지 않고 저축하는 사람에게 돈이 모이는 것이 신의 법칙이 아닐까 싶습니다. 이와 반대로 지갑이 텅 비어 있는 사람에게는 재화가 모이지 않았습니다.

여러분이 가장 바라는 것이 무엇인가요? 보석과 아름다운 장식품, 멋진 옷, 맛있는 음식처럼 순간적으로 만족감을 주지만 이내 덧없이 사라지고 잊히는 것들인가요? 아니면 황금과 땅, 가축처럼 끊임없이 수입을 보장해주는 알찬 재산인가요? 여러분이 지갑에서 꺼내 쓰는 돈은 첫 번째 것을 가져다주겠지만, 지갑에 남아 있는 돈은 두 번째 것을 가져다줄 거라는 사실을 명심하세요.

'내가 벌어 지갑에 넣어둔 동전 10개 중 9개만 쓰라.' 바로 이것이 제가 얄팍한 저의 지갑을 두둑하게 만들기 위해 찾아낸 첫 번째 방법이었습니다. 이 비법에 대해 여러분들끼리 논의해보십시오. 만약 이 비법에 문제가 있다고 생각된다면, 내일 다시 만날 때 그 문제점에 대해 제게 말씀해주십시오."

두 번째 비법
예산을 짜서 지출을 관리하라

"여러분 가운데 몇몇 분이 제게 이런 질문을 했습니다. '버는 돈으로 일상을 영위하기에도 충분치 않은데 어떻게 수입의 10분의 1을 저축할 수 있겠습니까?' 하고요."

다음 날 아카드는 몇몇 사람들이 그에게 던진 질문을 소개하면서 강의를 시작했다.

"어제 얄팍한 지갑을 들고 다녔던 분은 몇 명인가요?"

"저희 전부 다 그랬습니다."

"하지만 여러분이 벌어들이는 수입이 모두 동일하지는 않지요. 훨씬 더 많은 돈을 버는 사람도 있고, 적게 버는 사람도 있어요. 부양해야 할 가족이 훨씬 더 많은 사람도 있습니다. 하지만 여러분의 지갑은 모두 하나같이 얄팍한 상태죠. 그 이유가 무엇일까요? 이제 여러분께 아주 중요한 진리 한 가지를 말씀드리겠습니다. 우리가 '불가피한 지출'이라고 생각하는 것들이 있습니다. 우리가 욕구를 억제하지 않으면 이 불가피한 지출은 수입에 따라 항상 증가하게 돼 있지요.

하지만 불가피한 지출과 여러분의 욕구를 혼동해서는 안 됩니다. 소중한 가족들과 함께 지내고 있는 여러분은 자신의 수입으로는 충족할 수 없는 아주 많은 욕구를 갖고 있습니다. 따라서 여러분의 수입은 이러한 욕구를 충족시키기 위해 쓰이고, 계속해서 이런 지출이 반복됩니다. 하지만 그럼에도 여러분에게는 여전히 충족되지 않은 수많은 욕구가 존재하지요.

누구나 만족할 수 있는 것보다 더 많은 욕구를 지니고 있습니다. 제가 많은 재산을 가지고 있기 때문에 제 모든 욕구를 충족시킬 수 있다고 생각하십니까? 그렇지 않습니다. 제게는 이제 시간이 부족합니다. 그럴 여력도 없고요. 여행을 다닐 수 있는 곳도 제한돼 있고, 맛볼 수 있는 음식에도 한계가 있습니다. 이 모두를 즐길 열정 또한 사그라들고 있습니다.

농부가 씨를 뿌린 뒤 뿌리가 잘 내리도록 일부러 비워둔 공간에는 어김없이 잡초가 자라나지요. 사람의 욕망 역시 어디에서든 자유롭게 생겨납니다. 하지만 우리가 충족시키고 싶은 욕망은 너무나 많고 정작 만족시킬 수 있는 욕망은 거의 없습니다.

여러분에게 익숙해진 생활 습관을 자세히 들여다보세요. 현명하게 소비를 줄이거나, 아예 없앨 수 있는 지출을 찾아낼 수도 있습니다. '동전 하나를 쓸 때도 100퍼센트의 가치를 창출하며 살겠다'라는 결심을 여러분의 좌우명으로 삼아도 좋겠습니다.

여러분이 지출을 통해 충족시키고 싶은 모든 욕구를 점토판에 새기도록 하세요. 이 중에서 반드시 필요한 것과 수입의 10분의 9 안에서 충족시킬 수 있는 것을 골라내십시오. 그 외 나머지 욕구는 모두 지워버리는 겁니다. 이것들은 분명 충족시킬 수 없는 것이며, 만일 이것들을 위해 돈을 썼다면 분명 후회하게 될 거라고 생각하세요.

수입의 10분의 9를 가지고 예산을 세운 다음 필요한 비용을 지출하십시오. 여러분의 지갑을 두둑하게 해주는 10분의 1은 그대로 두어야 합니다. 이 돈이 여러분의 커다란 욕구를 충실하게 이뤄낼 수 있도록 해야 합니다. 예산에 맞춰 생활하고, 필요하면 계획을 계속 조정하십시오. 예산을 여러분의 두툼해지는 돈주머니 만들기의 첫 번째 보조 수단으로 삼으세요."

그러자 붉은색과 금색이 섞인 예복을 입은 한 사내가 일어나더니 이렇게 말했다.

"저는 노예가 아닌 자유민입니다. 저는 인생의 좋은 것들을 즐기는 일이 저의 권리라고 생각합니다. 따라서 저는 무엇을 위해 얼마만큼 돈을 지출할 것인지를 정하는 예산의 노예가 되는 것에 반대합니다. 저는 이것이 제 인생에서 수많은 즐거움을 앗아갈 거라 생각하며, 무거운 짐을 짊어져야만 하는 노새보다 못한 삶이라고 생각합니다."

그에게 아카드는 이렇게 물었다.

"그럼 누가 당신의 예산을 짭니까?"

"예산은 제가 짜겠지요."

"사막을 횡단해야 하는 노새가 스스로 짐을 꾸린다면 보석과 양탄자, 무거운 금괴를 먼저 챙길까요? 그럴 리 없죠. 반드시 필요한 건초나 곡물, 물을 챙겨 넣겠지요.

예산을 짜는 목적은 여러분의 지갑이 두둑해지도록 하기 위해서입니다. 여러분에게 반드시 필요한 것을 갖도록 하고, 그렇게 하고도 여유가 될 때 다른 욕구를 충족시켜주도록 하는 것이죠. 순간적인 욕망은 애초부터 제거해 여러분에게 가장 소중한 욕망이 무엇인지 깨닫게 해주는 방법입니다. 마치 어두운 동굴 속을 밝혀주는 빛처럼 예산은 여러분의 지갑에서 구멍 난 부분이 어디인지를 찾아줄 것입니다. 그렇게 불필요한 지출을 멈추게 하고, 여러분이 목표를 이뤄내도록 지출을 관리해줄 것입니다.

바로 이것이 얄팍한 지갑을 두둑하게 하기 위한 두 번째 비법입니다. **수입의 90퍼센트 이내에서 예산을 짜야 합니다. 이 범위 내에서 반드시 필요한 지출을 하고, 남은 돈으로 가치 있는 욕구를 충족시키며 삶을 즐기는 겁니다.**"

세 번째 비법
돈으로 돈을 낳아라

"여러분의 지갑이 점점 두둑해져 가는지 잘 살펴보십시오. 지금까지 여러분은 스스로 번 수입의 10분의 1을 저축해왔습니다. 그리고 점점 늘어나는 돈을 지키기 위해 각자의 지출을 관리하고 있습니다. 이제 다음 방법으로 그렇게 모은 돈을 굴려서 돈을 늘려가는 방법에 대해 생각해보도록 하겠습니다. 지갑 속의 돈이 가난한 자의 영혼을 잠깐은 만족시킬 수 있다 해도, 결국 그것만으로는 아무것도 얻을 수 없습니다. 우리가 돈을 모으는 일은 단지 시작에 불과합니다. 이렇게 모은 돈이 다시 돈을 낳을 때 우리의 부가 쌓이게 될 겁니다."

아카드는 이렇게 셋째 날 강의를 시작했다.

"그렇다면 우리는 어떻게 돈을 이용해야 할까요? 저는 첫 번째 투자에 실패해 가지고 있던 모든 돈을 잃었습니다. 이 이야기에 대해서는 나중에 말씀드리도록 하죠. 제가 첫 번째로 수익을 올릴 수 있었던 것은 아가르라는 방패상인에게 돈을 빌려주었던 일을 통해서입니다. 아가르는 일 년에 한 번씩 해외에서 들여오는 청동을 구입해 방패를 만들었습니다. 하지만 한꺼번에 많은 양의 청동을 살 돈이 없었던 그는 여유자금이 있는 사람들에게 돈을 빌려 청동을 구입했습니다. 그는 신용이 있는 사람이었습니다. 그래서 방패를 만든 다음 그걸 팔아서 번 돈으로 착실하게 이자를 갚았습니다.

저도 그에게 돈을 빌려주었던 사람 중 하나였고, 아가르로부터 원금과 함께 이자도 받았습니다. 따라서 제 자본금이 늘어났을 뿐 아니라, 이자 역시 마찬가지로 늘어나게 되었죠.

가장 만족스러웠던 것은 이 모든 돈이 제 지갑으로 들어왔다는 사실입니다.

제가 여러분에게 말씀드리려고 하는 것은 바로 한 사람의 재산은 그가 지갑에 넣어 다니는 돈에 있지 않다는 사실입니다. 재산은 바로 그가 투자한 수입원, 즉 지갑으로 끊임없이 흘러 들어와 불어나는 황금빛 물줄기에 있습니다. 바로 이것이 모든 사람이 원하는 것일 테죠. 여러분 모두가 원하는 것도 바로 이런 것 아니겠습니까. 여러분이 일을 할 때도, 여행을 떠났을 때도 계속해서 들어오는 수입원 말입니다.

저는 그렇게 엄청난 수입원을 만들었습니다. 그 수입원으로 바빌론 최고의 부자라 불릴 정도로 엄청난 돈을 벌고 있죠. 저는 아가르에게 돈을 빌려줌으로써 비로소 수익을 얻는 투자 방법에 대해 배울 수 있었습니다. 이 경험으로 지혜를 얻은 저는, 자본이 늘어남에 따라 투자 액수를 점점 늘려갔습니다. 처음에는 단 몇 군데에 불과했던 황금빛 부의 물줄기가, 시간이 지나자 수많은 곳으로 불어나 제 지갑으로 흘러 들어왔습니다.

자, 보세요. 제 얼마 되지 않는 수입으로 저는 황금 노예를 만든 겁니다. 이들이 각각 일을 해서 더 많은 돈을 벌어 왔습니다. 이 노예의 자식들도, 그 자식의 자식들도 엄청난 수입이 생겨날 때까지 열심히 일해서 돈을 벌었습니다. 즉 돈으로 돈을 낳은 것이지요.

어느 정도까지 돈이 모이면, 그때부터는 아주 빠른 속도로 수입이 늘어납니다. 이에 관한 일화를 하나 들려드리도록 하지요.

어느 농부가 첫째 아들이 태어나자 대금업자에게 찾아갔습니다. 그에게 은화 10개를 건네주면서 자기 아들이 스무 살이 될 때까지 이자를 붙여 적절한 곳에 그 돈을 투자해달라고 부탁했습니다. 대금업자는 그 요청을 받아들여 4년마다 원금의 2할 5푼을 이자로 주겠다고 했지요. 하지만 그 농부는 이 은화는 아들의 몫으로 따로 떼어둔 것이기 때문에 이자까지 원금에 포함해달라고 요청했습니다.

아들이 스무 살이 되자, 농부는 대금업자를 찾아가 그 돈에 대해 물었습니다. 대금업자는 이자가 복리로 붙어 10개였던 은화가 31.5개가 되었다고 답했습니다.

농부는 아주 기뻤습니다. 하지만 아들에게 당장 그 돈이 필요한 것은 아니었기 때문에 그는 그 은화를 다시 대금업자에게 맡겨두기로 했죠. 아들이 쉰 살이 되었을 때 농부는 세상을 떠났고, 대금업자는 아들에게 167개나 되는 은화를 청산해주었습니다. 50년 동안 이자에 이자가 붙어 수익은 거의 17배나 되었던 겁니다.

바로 이 일화에서 우리는 얄팍한 지갑을 두둑하게 해줄 세 번째 비법을 알 수 있습니다. **너른 들판을 뛰어노는 양떼가 계속해서 새끼 양을 낳듯, 돈으로 돈을 낳으십시오. 돈이 끊기지 않고 여러분의 지갑으로 계속해서 흘러 들어오게 하는 수입원을 만들어야 합니다."**

네 번째 비법

두둑해진 지갑을 지켜라

넷째 날이 되었다. 강의실에 도착한 아카드는 바로 네 번째 수업을 시작했다.

"불행은 반짝반짝 빛나는 것을 따라다닙니다. 따라서 우리는 지갑 속에 있는 돈을 굳건하게 지켜내야 하며, 그렇게 하지 않는다면 쉽게 돈을 잃게 됩니다. 적은 돈이라도 소중히 여겨야 하는 법입니다. 적은 돈을 지키는 법부터 배워야 신께서 우리에게 더 큰 돈을 맡기실 수 있습니다.

돈을 좀 모은 사람들에게는 늘 유혹이 따릅니다. 이들은 그럴싸하게 포장된 프로젝트나, 손쉽게 많은 돈을 벌 수 있을 것 같아 보이는 것에 쉽사리 현혹됩니다. 흔히 가까운 지인이나 친척들이 이런 투자를 시작하고 함께 하자고 부추기죠.

가장 중요한 투자의 원칙은 여러분의 원금에 대한 안전성을 확보하는 것입니다. 원금을 잃게 될 수도 있는데 더 많은 수입에 관심을 보이는 것이 과연 현명한 일일까요? 그렇지 않습니다. 위험성으로 인해 생기는 불이익은 아마도 손실일 것입니다. 여러분의 재산을 넘기기 전에 각각의 재산이 안전하게 회수될 수 있는지를 신중하게 알아봐야 합니다. 재산을 빠르게 늘리고 싶은 욕망에 흔들려서는 안 됩니다.

여러분이 누군가에게 그 돈을 빌려주기 전에 상대방이 그 돈을 갚을 수 있는지 그의 능력과 평판에 대해 확인해야 합니다. 그렇게 해야만 여러분이 힘들게 번 재산을 자신도 모르게 상대방에게 선물하게 되는 일이 없게 됩니다.

그것이 어떤 분야가 되었든 여러분의 재산을 맡기기 전에 스스로 그 분야에서 생겨날 수 있는 위험에 대해 제대로 알고 있어야 합니다.

제가 처음으로 했던 투자는 당시 저에게 있어 비극적인 상황을 가져다주었습니다. 저는 일 년 동안 힘겹게 모았던 재산을 벽돌공 아즈무르에게 맡겼습니다. 먼바다를 돌아다니고 페니키아의 수도 티레에 머물기도 했던 그는 페니키아의 진귀한 보석을 제게 사다 주겠다고 했습니다. 그가 돌아오면 우리는 그 보석을 팔아 수익을 나누기로 했지요. 하지만 악당 같은 페니키아 사람들은 아즈무르에게 유리 조각을 보석이라고 속여 팔았습니다. 제 재산은 그렇게 허무하게 공중으로 사라져버렸죠. 이제 와 생각해보면 벽돌공에게 보석을 사 오도록 맡긴 제 행동이 얼마나 어리석은 짓이었는지 단번에 알 수 있습니다.

따라서 이러한 경험에서 얻은 저의 지혜를 통해 여러분에게 이렇게 충고하는 바입니다. 여러분의 재산을 맡길 때 자신의 지혜를 지나치게 확신해서는 안 됩니다. 그렇게 하다가는 쉽게 투자의 함정에 빠지게 되지요. 투자를 해서 수익을 거둔 경험이 있는 현명한 사람들과 이야기를 나누며 지혜를 얻는 것이 훨씬 나은 방법입니다. 충분한 경험을 쌓은 이에게 이러한 조언을 얻는 일은 생각보다 어렵지 않습니다. 훌륭한 조언을 받아들여 손실을 피할 수 있다는 것만으로도 그 조언은 가치가 있는 것이지요.

자, 바로 이것이 얄팍한 지갑을 두둑하게 만들어주는 네 번째 비법입니다. 이 비법으로 일단 여러분의 두둑해진 지갑을 지켜낼 수 있을 것입니다. **원금이 안전하게 보장되고, 원할 때는 언제든 회수할 수 있으며, 적정한 이자를 보장받을 수 있는 곳에만 투자하십시오. 그렇게 해야 여러분의 돈을 지켜낼 수 있습니다. 그 분야에서 경험을 쌓은 현명한 사람들과 상의하고, 그들이 얻은 지혜를 통해 여러분의 재산을 보호하도록 하세요.**"

다섯 번째 비법
집을 소유하라

"만일 자기 수입의 10분의 9만으로 생활을 영위해나간다면, 게다가 이 10분의 9에서 일정 부분을 수익성 있는 곳에 투자할 수만 있다면 그의 재산은 훨씬 더 빨리 불어나게 될 겁니다."

어느덧 다섯 번째 강의를 하게 된 아카드는 이렇게 수업을 시작했다.

"바빌론에 사는 우리 남자들은 열악한 환경에서 가족들을 부양하는 경우가 너무 많습니다. 아내들의 마음을 기쁘게 해줄 꽃 하나 피울 수 없는 비좁은 공간에, 아이들이 놀 곳이라곤 더러운 골목뿐인 공간에 살면서도 집주인에게 꼬박꼬박 집세까지 내고 있지 않습니까.

아이들이 깨끗한 땅에서 뛰놀 수 없고, 아내들이 꽃과 허브를 기를 수 있는 공간도 없다면 어찌 풍요로운 삶을 즐기고 있다 말할 수 있겠습니까? 직접 기른 무화과나무와 포도나무의 열매를 먹어본 사람만이 비로소 진정한 삶의 기쁨을 느낄 수 있습니다. 자기 땅을 소유하고 스스로가 자랑스럽게 여기는 내 집을 갖게 되면, 우리에게는 자부심과 자신감이 생겨납니다. 그리고 무슨 일을 하더라도 노력에 노력을 더하게 되지요. 따라서 저는 여러분 모두가 자기 자신을 지켜주는 집을 소유하기를 권합니다.

위대한 바빌론의 왕께서 넓게 확장하신 성벽 안에 있는 수많은 땅이 지금은 사용되지 않고 있습니다. 그러니 적절한 금액으로 땅을 구입할 수 있지 않겠습니까? 자기 집을 소유하는 일은 누구든 충분히 해낼 수 있는 일이라고 봅니다.

여러분께 강조하건대, 대금업자들 또한 자신의 가족을

위해 집과 땅을 구하려고 하는 남자들의 열망을 반겨줄 겁니다. 만일 여러분이 집과 땅을 사기 위해 필요한 금액의 일부를 갖고 있고, 대출의 목적이 집을 짓기 위함임을 확인시켜준다면, 벽돌공과 건축업자에게 내야 할 돈을 대금업자에게 빌릴 수 있습니다.

그렇게 집이 다 완공되면, 지금 집주인에게 내는 집세 정도를 대금업자에게 지불하면 되는 것이죠. 그렇게 한다면 오랜 시간이 지나지 않아 모든 빚을 갚고 여러분이 그 집의 주인이 됩니다. 그때부터 여러분이 유일하게 지불해야 하는 비용은 나라에 내는 세금뿐일 겁니다.

여러분의 아내는 빨래하러 강가로 나갔다 올 때마다 염소가죽 통에 물을 담아 와서 집 안에 자라고 있는 식물에 물을 주는 기쁨을 누리게 되겠죠.

이렇게 자기 집을 소유한 사람은 여러 가지로 이득을 얻게 될 겁니다. 집을 소유하게 되면 더 이상 집세를 내지 않아도 되므로 생활비가 크게 줄어들 것이며, 즐거움과 욕구 충족을 위해 더 많은 돈을 쓸 수 있게 될 것입니다. 바로 이것이 얄팍한 지갑을 두둑하게 하는 다섯 번째 비결입니다. **각자 자신만의 집을 소유하십시오.**"

미래를 위한 수입원을 준비하라

아카드는 여섯 번째 수업을 시작했다.

"모든 인간의 삶은 유년기부터 노년기까지 이어집니다. 이 것이 바로 인생의 길이며, 신께서 너무 조급하게 그를 저 너머 세상으로 부르시지 않는 한 그 누구도 이 길에서 벗어날 수 없습니다. 따라서 제가 말씀드리고 싶은 것은 **인간은 앞으로 다가올 더 이상 젊지 않은 미래를 위해 적절한 수입원을 준비해두 어야 하며, 가족들과 더 이상 함께할 수 없을 때 이들을 위로하고 지지해줄 수 있도록 준비를 해두어야 한다는 점입니다.** 시간이 흘 러 여러분의 사리분별력이 떨어진다 해도 바로 이 교훈이 여 러분의 돈주머니를 두둑하게 만들어줄 것입니다.

부자가 되는 법칙을 배워 충분한 돈을 벌고 있는 사람이 라 하더라도 앞으로의 날들에 대해 진지하게 생각해야 합니 다. 미래에도 안락한 삶을 보장해줄 수 있는 확실한 투자 계 획이나 대비책을 세워야 하지 않겠습니까?

미래를 위한 안전한 대비책에는 다양한 것들이 있습니다. 아무도 모르는 나만의 비밀 장소를 마련해 그곳에 보물을 묻어둘 수도 있죠. 하지만 어떠한 방법으로 숨겨놓는다 해도 하루아침에 도둑이 들어 사라져버릴 수 있습니다. 그렇기에 저는 이러한 방법은 추천하지 않습니다.

우리는 이를 위해 집을 사거나 땅을 살 수 있습니다. 만약 미래의 유용성과 가치에 대해 현명하게 판단해서 선택한다면, 집이나 땅을 사는 일은 엄청난 가치가 있는 일이 될 것입니다. 그리고 집이나 땅을 사둔다면 그 자체가 미래를 위한 대비책이 될 것입니다.

우리는 소액의 돈을 대금업자에게 빌려주고 그 금액을 정기적으로 늘려갈 수도 있습니다. 대금업자가 지급하는 이자가 원금에 더해질 것이기 때문이지요. 저는 안산이라는 신발공을 알고 있는데, 그가 얼마 전 제게 이런 이야기를 했습니다. 자기가 8년 동안 매주 은화 2개씩을 대금업자에게 맡겼다고요. 안산은 최근 그 돈을 찾았는데, 예상치 못한 엄청난 금액에 그는 깜짝 놀랐다고 합니다. 4년마다 2할 5푼의 이자가 붙어서, 처음에 은화 2개로 시작했던 것이 1,040개로 불어나 있었던 겁니다.

만일 안산이 그 돈을 다시 12년 동안 대금업자에게 맡기고, 계속해서 매주 은화 2개씩을 맡긴다면 어떻게 되겠습니까? 대략 계산해보면 무려 4,000개의 은화로 불어나게 됩니다. 이 정도면 여생을 걱정 없이 지낼 정도가 되지 않을까요?

적은 돈이라도 정기적으로 투자하는 것 또한 굉장한 수익을 보장해줍니다. **사업과 투자가 아무리 번창하게 된다고 해도 자신의 노년을 위해, 그리고 가족들을 보호하기 위해 재산을 떼어 놓는 것은 쉬운 일이 아니지요.**

하지만 이것이 아주 중요한 부분이기 때문에 조금 더 설명해드려야겠습니다. 제 생각에 미래의 언젠가는 현명한 사람들이 죽음을 대비하는 합리적인 제도를 만들어낼 거라고 생각합니다. 정기적으로 적은 금액을 내고, 그 돈이 계속해서 쌓이면 돌아가신 분의 가족들을 위한 상당한 액수의 돈이 될 것입니다. 저는 이런 제도가 반드시 필요할 거라 생각하며 이 제도를 강력히 추천하고자 합니다. 하지만 오늘날에는 이러한 제도가 가능하지 않습니다. 이 방법을 사용하기 위해서는 미리 준비해둬야 할 것이 많기 때문입니다. 그리고 무엇보다 이 제도를 운영하는 단체가 왕의 옥좌처럼 안정적이어야만 합니다. 언젠가 이러한 제도가 실현되면 분명 많은 사람에게 커다란 축복이 될 거라고 생각합니다. 처음엔 적은 금액으로 시작하지만, 그것이 쌓이면 세상을 떠난 이의 가족 구성원들에게 충분한 재산이 되어줄 것이기 때문입니다.

하지만 지금은 아직 이런 제도가 준비되지 않았기 때문에, 우리의 목적을 달성하기 위해서는 지금 당장 할 수 있는 수단과 방법을 이용해야만 합니다. 따라서 저는 모든 사람에게 현명하고 철저하게 방법을 찾아내서 노년이 되었을 때를 대비한 두둑한 지갑을 준비해둘 것을 권합니다. 더는 돈을 벌 수 없는 사람이나 가장을 잃은 가족에게 얄팍한 지갑은 이들의 삶을 고통스러운 비극으로 만드니까요.

지금까지 설명한 내용이 얄팍한 지갑을 두둑하게 만드는 여섯 번째 비법입니다. **여러분이 나이가 들었을 때 필요한 돈과 가족을 지키기 위한 미래의 수입원을 미리 준비해두세요.**"

일곱 번째 비법
돈 버는 능력을 키워라

"오늘 저는 여러분에게 두둑한 지갑을 만드는 가장 중요한 비법 중 하나를 말씀드리려고 합니다. 하지만 오늘은 돈이 아닌, 제 앞에 여러 빛깔의 옷을 입고 앉아 계신 여러분 자신에 대해 이야기할 것입니다. 저는 성공에 도움이 되는 마음 자세와 방해가 되는 마음 자세, 그리고 우리의 인생에 대해 말씀드리려고 합니다."

아카드는 마지막 일곱 번째 수업을 이렇게 지금까지와는 다른 톤으로 시작했다.

"얼마 전 어느 젊은이가 제게 돈을 빌리러 왔습니다. 그에게 돈이 필요한 이유를 묻자, 그는 자신의 수입이 지출보다 부족하다며 불평해댔습니다. 그래서 저는 그에게 이렇게 살면 영영 돈 갚을 능력이 없는 가난한 자가 될 수밖에 없다고 설명했습니다.

'젊은이, 자네가 해야 할 일은 바로 돈을 더 많이 버는 것일세. 자네는 수입을 늘리기 위해 어떻게 하고 있는가?'

제가 이렇게 물었지요.

'할 수 있는 모든 일을 하고 있습니다. 저는 두 달간 여섯 번이나 주인님을 찾아가 임금을 올려달라고 부탁했지만, 그는 올려주지 않았습니다. 저만큼 주인님을 여러 번 찾아가 강하게 요청한 사람은 아마 없을 겁니다.'

그의 순진한 태도에 웃음이 날 수도 있습니다. 하지만 그는 수입을 늘리기 위한 필수 요건 중 하나를 갖고 있었습니다.

그에게는 더 많은 돈을 벌고자 하는 강한 열망이 있었는데, 이것은 반드시 필요한 칭찬받을 만한 열망입니다.

성취하기에 앞서서 반드시 열망이 있어야 합니다. 여러분의 열망은 강력하고 분명해야 합니다. 막연한 꿈은 허망한 열망에 불과합니다. 금화 5개를 간절히 원하는 것은 구체적이며 분명한 열망입니다. 성취해내고자 노력할 수 있는 실체가 있는 욕구인 것입니다. 금화 5개를 얻겠다는 그 목표를 이루면, 그다음 번에는 금화 10개를 얻는 방법을 찾아낼 수 있습니다. 그다음에는 20개를, 그리고 먼 훗날에는 금화 1,000개를 얻는 방법도 찾아낼 수 있죠. 결국 그렇게 부자가 되는 겁니다. 열망이 작더라도 분명하기만 하면 그것을 이뤄내는 방법을 배우면서 보다 큰 열망을 이뤄내기 위해 스스로 훈련해나갈 수 있습니다. 바로 이것이 부를 축적해나가는 과정입니다. 처음에는 적은 금액에서 시작하지만, 방법을 배워나가면서 점점 더 많은 금액을 모을 수 있는 사람이 되는 겁니다.

열망은 단순하고 명확해야 합니다. 열망이 너무 여러 가지이거나, 복잡하거나, 훈련을 통해 성취할 수 있는 수준을 넘어서는 것이라면 그 목표를 이뤄낼 수 없게 될 것입니다.

여러분이 해야 하는 일에 최선을 다하면 자연스럽게 돈

을 버는 능력 또한 키워집니다. 동전 몇 푼을 벌기 위해 매일 매일 점토판에 글을 새기는 필경사로 일하던 시절, 저는 다른 사람들이 저보다 일을 더 많이 하고 더 많은 보수를 받는 모습을 보았습니다. 그때 저는 그 누구도 저를 따르지 못할 정도로 돈을 많이 벌겠다고 결심했습니다. 그 이후 그들이 더 많은 돈을 버는 이유를 알아내는 데에도 그리 오랜 시간이 걸리지 않았습니다. 내가 하는 일에 더 많은 관심을 갖고, 그 일에 집중하며, 끊임없이 노력했더니, 하루에 저보다 더 많은 점토판을 새기는 사람은 찾아볼 수가 없게 되었습니다. 이러한 자극을 통해 저의 기술은 점점 발전해나갔고, 곧바로 그에 대한 보상을 받게 되었습니다. 더 이상 저를 인정해달라고 부탁하기 위해 주인을 찾아갈 필요가 없게 되었죠.

또한 우리에게 지식이 더 많아질수록 우리는 더 많은 돈을 벌 수 있습니다. 자신이 일하는 분야의 기술을 더 배워 가려는 사람은 풍족한 보상을 받게 될 것입니다. 만일 기계공이라면 같은 생산라인에 있는 사람 중 가장 숙련된 사람의 방법과 그가 사용하는 연장을 보고 배울 수 있습니다. 법률가나 의사라면 자신의 직업에 대해 다른 사람들과 의논하며 서로 지식을 교환할 수 있을 것입니다. 상인이라면 더 낮은 가격으로 구할 수 있는 보다 좋은 상품을 계속해서 찾아낼 수 있죠.

우리의 삶은 항상 변합니다. 그리고 더 좋은 방향으로 개선해나갈 수 있습니다. 열정적인 사람들은 자기를 믿고 있는 고객들에게 보답할 더 좋은 방법을 찾아내기 때문입니다. 따라서 저는 우리 모두가 뒤처지거나 가만히 서 있지 말고 선두에 서서 진보를 향해 나아가기를 바랍니다.

다양한 경험이 인간의 삶을 윤택하게 만들어줍니다. 마지막으로 자기 자신을 존중하는 사람이라면 반드시 해야 할 일들에 대해 말씀드리겠습니다.

스스로가 책임질 수 없는 빚을 져서는 안 되며, 자신이 갚을 수 있는 만큼의 빚을 졌다면 가능한 빠르게 갚아야 합니다.

가족 구성원 모두에게 늘 관심을 갖고 잘 대해주면서 그들로부터 존중받는 사람이 되어야 합니다.

신께서 부르실 때, 자신의 재산이 적절하게 나눠질 수 있도록 유언장을 미리 남겨놓아야 합니다.

불행으로 상처 입고 고통받는 사람들을 살펴서 가능한 범위 내에서 그들을 도울 줄 알아야 합니다. 또한 자신에게 소중한 사람들에게 사려 깊게 행동해야 합니다.

얄팍한 지갑을 두둑하게 하는 일곱 번째이자 마지막 비

법은 **스스로의 능력을 키우고, 배우며, 보다 현명해지고, 기술을 능숙하게 다룰 줄 알며, 자기 자신을 존중하는 것입니다.** 그렇게 하면 여러분이 신중하게 선택한 열망을 이룰 수 있다는 자신감을 얻게 될 것입니다.

지금까지 얇팍한 지갑을 두둑하게 만들어줄 일곱 가지 비법에 대해 말씀드렸습니다. 이것들은 저의 오랜 성공 경험에서 나온 비법들이지요. 부를 창출해내고 싶다면 이 비법들을 꼭 실천하시길 간절히 바랍니다.

바빌론에는 여러분이 상상하는 것보다 훨씬 더 많은 재화가 있습니다. 모든 이들이 이 풍족함을 누릴 수 있지요.

지금 바로 나아가서 여러분의 권리를 쟁취하십시오. 여러분을 부자로 만들어줄 이 진리를 지금 당장 실천하십시오.

고귀한 바빌론의 모든 시민과 우리가 사랑하는 이 도시의 풍족한 부를 함께 나눌 수 있도록 이 진리를 널리 알려주시기 바랍니다."

4장.
행운의 여신을 만나는 법

운이 따르는 사람에게 얼마나 큰 행운이 찾아올지 그 누구
도 예측할 수 없다. 그를 유프라테스강에 빠트려보아라. 진
주라도 손에 쥐고 헤엄쳐 나올 것이다.

– 바빌로니아 속담

누구든 자신에게 행운이 따르기를 바란다. 4,000년 전 고
대 바빌론 사람들이 그랬던 것처럼, 오늘날에도 모두가 간절
히 행운을 바란다. 변덕스러운 행운의 여신이 우리 편에 서기
를 바라는 것이다. 우리가 행운의 여신을 만나 그녀의 관심을
끌고 관대한 호의를 얻을 방법이 있을까?

행운의 주인공이 될 방법이 과연 있는 것일까?

바로 이것이 고대 바빌론 시민들이 궁금해했던 질문이며, 정확히 그들이 알아내고자 했던 바이다. 바빌론 시민들은 영리하고 예리했다. 바빌론이 그 시대 가장 부유하고 강력한 도시가 될 수 있었던 이유도 바로 바빌론 시민들의 이런 특성 때문이었다.

그 시대에는 정식 교육기관이 존재하지 않았다. 하지만 이들에게 매우 실용적인 배움의 공간이 하나 있었다. 바빌론에 세워진 건물 중 '왕의 궁전', '공중정원', '신전'만큼이나 중요한 곳이었다. 역사책에도 아마 이 건물에 대한 언급은 전혀 없겠지만, 사실 그 시대 사상에 엄청난 영향을 미쳤다.

이 건물은 바로 '배움의 성전'이다. 깨달음을 얻은 스승들이 자진해서 과거의 지혜를 전해주고, 공개 포럼을 통해 대중의 의견이 논의되던 장소이다. 이곳에서는 신분의 차별이 없었다. 비천한 노예가 왕자의 의견에 반하는 생각을 말하더라도 형벌을 받지 않고 자유롭게 논쟁할 수 있었다.

'배움의 성전'을 자주 찾던 많은 이들 가운데 아카드라는 현명한 남성이 있었다. 그는 바빌론 최고의 부자였는데, 이 배움의 성전에 그가 강의하는 특별한 공간이 있었다. 아주 젊은

청년부터 나이 지긋한 노인까지 거의 매일 저녁 수많은 남성이 이곳에 모여들었다. 그중 대부분은 중년 남성들이었고, 이들은 흥미로운 주제에 대해 토론했다. 이들은 행운의 여신을 만나는 방법에 대해서도 논의한 적이 있었다.

아카드가 익숙하게 강연장의 교단을 향해 걸어갈 때쯤, 사막 먼지의 아지랑이 사이로 빛나던 거대하고 불그스름한 태양이 서서히 지고 있었다. 이미 강연장을 가득 채운 사람들이 방석을 깔고 앉아 아카드가 오기를 기다리고 있었고, 계속해서 많은 이들이 배움의 성전으로 속속 도착하고 있었다.

아카드가 강연장의 사람들을 둘러보며 물었다.

"오늘 밤에는 무슨 주제로 이야기를 나누어볼까요?"

잠시 망설이던, 키 큰 직조공이 자리에서 일어나 말했다.

"제게 토론하고 싶은 주제가 하나 있지만, 선생님이나 여기 모인 분들께 우스운 소리로 들릴까 봐 조심스럽네요."

아카드와 다른 이들이 계속 이야기해보라고 말하자, 그는 계속해서 말을 이어갔다.

"저는 오늘 운이 좋은 하루를 보냈습니다. 금화가 가득 들어 있는 지갑을 하나 발견했거든요. 이렇게 운 좋은 날이 계속되는 것이 제 간절한 소망입니다. 모두가 저와 같은 소망을 갖고 있음을 알기에, 우리가 행운의 여신을 만날 방법을 찾아낼 수 있는지 논의해보았으면 합니다."

아카드가 그의 말에 미소 지으며 말했다.

"아주 흥미로운 주제를 제안하셨습니다. 우리가 논의할 주제 가운데 아주 중요한 내용이지요. 누군가에게는 종종 행운이 찾아오곤 하지만, 이런 행운은 목적이나 이유 없이 아주 우연히 찾아오는 예상 밖의 일입니다. 또 어떤 이들은 행운을 가져오는 자가 자비심 많은 여신인 아슈타르(페니키아 신화에 나오는 여신. 신석기 시대부터 서아시아에서 널리 숭배된, 사랑과 다산을 주관하는 여신이다. 바빌로니아 신화의 이슈타르에 해당한다_옮긴이)라고 믿고 있습니다. 이들은 행운이란 아슈타르 여신을 기쁘게 하려고 바친 제물의 대가로 받는 선물이라 여깁니다. 여러분의 생각은 어떤가요? 우리에게 행운이 찾아오도록 하는 방법이 과연 있을까요?"

열정적으로 수업에 참여하는 무리 중 누군가가 답했다.

"네, 물론입니다! 여러 가지 방법이 있을 겁니다."

아카드가 계속해서 강의를 이어나갔다.

"그럼 이 주제로 논의를 시작하기 위해 앞서 직조공과 같은 경험을 한 적이 있는 사람들의 이야기를 먼저 들어봅시다. 스스로의 노력 없이 귀한 보물이나 보석을 받았거나 얻은 적이 있는 분 계십니까?"

이 질문에 모두 주위를 둘러봤다. 누군가가 대답하기를 기대하며 기다려보았지만 대답하는 사람은 아무도 없었다. 침묵이 계속 흐르자 아카드가 운을 뗐다.

"아무도 안 계십니까? 그렇다면 이런 행운을 만나기란 분명 드문 일이겠군요. 그럼 어디서부터 논의를 시작하면 좋을지 제안해주실 분 계신가요?"

잘 차려입은 한 젊은 남자가 일어서더니 말했다.

"그럼 제가 한번 이야기해보겠습니다. 행운에 대해 생각해보면, 먼저 도박장부터 떠오르지 않습니까? 많은 사람이 도박장을 찾는 것은 행운의 여신이 자기에게 엄청난 보상을 안겨줄 거라 생각하기 때문이 아닐까요?"

그가 다시 자리에 앉자, 누군가가 이렇게 말했다.

"멈추지 말고, 계속해서 이야기해보시오! 도박을 하면서 행운의 여신을 만났나요? 주사위의 빨간 면이 나와서 딜러에게 받은 돈으로 지갑이 두둑해진 겁니까? 아니면 파란 면

이 나와서 당신이 힘들게 번 돈을 몽땅 딜러에게 내주고 말았나요?"

그 젊은 남자는 환하게 웃더니 이렇게 답했다.

"행운의 여신은 제가 그 자리에 있었다는 것조차 모르는 것 같았습니다. 다른 분들은 어떠셨나요? 주사위를 던지는 도박장 같은 곳에서 행운의 여신이 여러분 편에서 기다리고 있었던 적이 있습니까? 어떤 경험이었든, 여러분의 이야기를 들어보고 싶습니다."

아카드가 그 젊은 남자의 말을 거들며 나섰다.

"시작이 좋습니다. 우리는 다양한 질문을 다각도로 생각해보기 위해 이곳에 모입니다. 도박장에 대해 논의해보는 것이 중요한 까닭은 우리 인간이 지닌 공통적인 본능에 대해 생각할 기회를 주기 때문입니다. 누구나 적은 돈으로 큰돈을 얻고 싶어 하는 본능을 지니고 있으니까요."

이에 한 사람이 큰 소리로 말했다.

"그렇게 말씀하시니, 어제의 경마장 내기가 생각나는군요. 행운의 여신이 도박장을 자주 기웃거린다면, 황금빛으로 장식된 마차와 입에 거품을 물고 달리는 경주마들이 우리를 흥분의 도가니로 빠트리는 경마장을 어찌 모른 척하겠습니까? 아카드 님, 솔직히 말씀해주십시오. 어제 행운의 여신이 선생님께 니네베(고대 아시리아의 수도)에서 온 회색 말에 돈을 걸라고 하셨나요? 어제 경마장에서 제가 선생님 바로 뒤에 서 있었는데요, 선생님께서 회색 말에 돈을 거신다는 이야기를 듣고 제 귀를 의심하지 않을 수 없었습니다. 아시리아에서 온 경마팀이 우리 바빌론 팀을 이길 수 없다는 것은 선생님께서도 잘 알고 계시지 않습니까.

행운의 여신이 회색 말을 고르라고 선생님의 귀에 속삭이셨던 겁니까? 안쪽에서 달리던 검은색 말이 마지막 바퀴에서 비틀거리며 우리 팀을 방해하게 될 테니, 회색 말이 예상치 못한 승리를 거머쥘 거라고 알려주신 건가요?"

아카드는 그 사내가 놀리듯 하는 말에 너그럽게 웃으며 답했다.

"왜 우리는 행운의 여신이 내기 경마에 그렇게까지 관심을 가질 거라고 생각할까요? 제게 있어 사랑과 존엄을 상징하는 행운의 여신은 가난한 자들을 돕고, 마땅히 보상받아야 할 자들에게 그것을 나누어주는 일을 기쁘게 생각하는 분입니다. 저는 사람들이 돈을 버는 경우보다 잃는 경우가 훨씬 많은 도박장이나 경마장에서가 아니라, 사람들이 보다 가치 있는 행동을 하는 다른 곳에서 행운의 여신을 만나고 싶습니다.

직접 밭을 갈고, 정직하게 거래할 때, 우리는 땀 흘린 만큼의 보상을 받게 됩니다. 때로 우리의 판단이 틀릴 수도 있고, 바람이나 날씨가 우리의 노력을 꺾을 수도 있기 때문에 아마도 항상 보상을 받게 되는 것은 아니겠지요. 하지만 그어떤 일이 생겨도 좌절하지 않고 계속해서 노력한다면 수익을 실현할 거라고 기대할 수 있습니다. 수익을 실현할 가능성이 우리 자신에게 있기 때문이지요.

하지만 도박장에서 게임을 할 때 수익을 낼 가능성은 항상 우리가 아닌, 게임을 진행하는 쪽에 있습니다. 따라서 상황은 늘 역전돼버리고 맙니다. 경기는 게임을 진행하는 쪽에 유리하게 짜여 있습니다. 도박장은 주인이 직접 만들어낸 사업입니다. 도박꾼들이 베팅한 돈으로 그가 마음껏 이윤을 얻어내기 위해 만들어진 곳이지요. 그런데도 도박장 주인이 승리할 가능성이 얼마나 크고, 도박꾼이 승리할 가능성은 얼마나 희박한지 알고 있는 사람은 거의 없습니다.

예를 들어 주사위 도박에 대해 생각해봅시다. 주사위를 던질 때마다 도박꾼은 윗면에 나올 숫자에 돈을 겁니다. 그

숫자를 맞히면 도박꾼은 내기에 걸었던 돈의 4배를 돌려받게 됩니다. 하지만 도박꾼이 고르지 않은 다섯 숫자가 나오면, 그는 판돈을 잃게 되는 것이지요. 따라서 주사위를 던질 때마다 도박꾼이 패할 확률은 6분의 5입니다. 반면 내기에서 도박꾼이 숫자를 맞힐 경우 4배를 돌려받기 때문에 도박꾼이 돈을 벌 확률은 6분의 4라고 할 수 있습니다. 이런 계산에 따르면, 도박장 주인은 숫자를 맞힌 도박꾼들에게 판돈의 5분의 4만큼을 돌려주게 되므로 결국 판돈의 5분의 1을 하룻밤 수익으로 기대할 수 있지요. 반면 도박꾼의 경우는 어떨까요? 주사위를 던질 때마다 베팅한 모든 금액에서 5분의 1을 잃게 될 거라고 정해진 게임에서 어떻게 도박꾼이 돈을 벌 수 있겠습니까?"

"하지만 도박장에서 종종 큰돈을 버는 사람들도 있지 않습니까."

한 남성이 큰 소리로 이렇게 말하자, 아카드가 답했다.

"네, 물론 그렇지요. 그런데 그렇게 행운으로 벌어들인 돈이 가치 있는 일에 쓰일지 의문이 듭니다. 저는 바빌론에서 성공한 이들을 많이 봐왔지만, 이들 가운데 도박장에서 돈을 모아 성공의 발판으로 삼은 자는 한 명도 없었습니다.

오늘 밤 이 자리에 모인 여러분들도 바빌론에서 성공한 사람들에 대해 많이 알고 계실 겁니다. 도박장에서 번 돈으로 성공의 길로 나아간 사람이 과연 얼마나 있습니까? 알고 계신 경우가 있다면 각자 말씀해보십시오."

오랜 시간 침묵이 흐르고, 누군가가 농담하듯 조심스레 말했다.

"도박장 주인도 그 질문에 대한 답에 포함될까요?"

아카드가 답했다.

"도박장 주인 말고는 아무도 없겠죠. 이렇듯 도박으로 돈을 번 다른 사람이 아무도 없다면, 여러분은 이제 어떻게 해야 하겠습니까? 그래도 언젠가 도박장에서 큰돈을 벌겠다는 생각을 하고 있는 분이 아직도 이 자리에 계신가요?"

아카드의 질책 섞인 말에 웃는 이들도 있었지만, 어디선가 불평의 목소리도 들려왔다. 아카드가 계속해서 말했다.

"아슈타르 여신이 도박장에 자주 드나든다고 해서 그런 곳에서 행운을 좇아서는 안 된다고 봅니다. 다른 곳으로 시야를 돌려야 합니다. 누군가 잃어버린 지갑을 주웠다 해도 그 안에 행운이 있는 것은 아닙니다. 도박장에서도 행운을 찾기란 어려운 일입니다. 경마장도 마찬가지입니다. 솔직히 말씀드리자면, 저도 경마장에서 딴 돈보다 잃은 돈이 훨씬 더 많습니다.

그럼 이제부터는 무역과 사업에 대해 생각해봅시다. 정직한 거래를 통해 상당한 수익을 올렸다면, 이것은 행운일까요? 아니면 노력에 대한 정당한 대가일까요? 저는 이것도 행운이라고 생각합니다. 사실 우리는 행운의 여신이 주는 선물을 간과하는 경향이 있습니다. 우리는 여신의 관대함을 고맙게 생각하지 않지만, 그녀는 우리를 진정으로 도와줍니다. 혹시 저와 생각이 다른 분이 계십니까?"

그때 중년의 상인이 일어났다. 그는 품위 있어 보이는 하얀 옷을 매만지며 말했다.

"선생님과 이 자리에 계신 여러분들께서 허락하신다면 제 생각을 말씀드려보겠습니다. 우리는 사업에서 성공하기 위해 상당한 공을 들이지만, 엄청난 수익을 눈앞에 두고도 실패하는 경우가 있습니다. 이런 경우에 대해서는 어떻게 생각해야 할까요? 만약 그 일을 하기만 했다면 엄청난 수익이 났을 텐데, 시도하지 않아서 행운이 바로 눈앞에서 비켜 가는 경우 말입니다. 분명 이 자리에 계신 많은 분들이 이런 경험을 해보셨을 겁니다."

아카드가 그의 말에 수긍하며 말했다.

"바로 이런 생각이 현명한 접근법입니다. 여러분 가운데에서 행운이 가까이 다가왔다가 곧바로 달아나는 것을 본 적 있는 분이 계십니까?"

상인들 가운데에서 손을 든 사람이 많았다. 아카드는 좀 전에 말했던 상인을 다시 가리켰다.

"당신이 제안한 이야기이므로, 당신의 이야기를 먼저 듣고 싶네요."

그가 이야기를 다시 시작했다.

"그럼 기꺼이 말씀드리겠습니다. 행운이 우리에게 얼마나 가까이 다가올 수 있는지, 그리고 어떻게 눈 깜짝할 새 행운이 사라져서 엄청난 손실을 입고 차후에 후회하게 되는 일이 생기는지 말씀드려보죠.

아주 오래전, 제가 젊었을 때의 일입니다. 결혼을 하고 돈을 벌기 시작했을 즈음이었죠. 저희 아버지께서 어느 날 저를 찾아오셔서 말씀하셨어요. 아버지와 가까운 친구분 아들이 바빌론에서 그리 멀지 않은 곳에 있는 척박한 땅을 눈여겨보고 있는데, 제가 이 사업에 반드시 투자해야 한다고요. 이곳은 수로로부터 아주 높은 곳에 위치한 탓에 물이 닿지 않는 곳이었습니다.

아버지 친구의 아들은 이 척박한 땅을 매입해서 큰 물레방아 3개를 설치해 황소가 방아를 돌리게 할 계획이었습니다. 그러면 생명을 가져다줄 물을 끌어 올려 척박한 땅을 비옥하게 만들 수 있을 거란 생각이었습니다. 그의 계획대로 초기 작업이 완수되면, 그는 땅을 작은 구획으로 나누어 바빌론 시민들에게 허브를 경작하는 밭으로 판매할 생각이었던 셈이죠.

아버지 친구의 아들은 저처럼 괜찮은 돈벌이를 하고 있었지만, 혼자서 그 사업을 착수하기에는 자금이 부족했습니다. 그의 아버지 또한 저희 아버지처럼 대가족을 거느리고 계셨기에 재산이 많은 편이 아니었죠. 그래서 그 아들은 함께 사업을 할 사람들을 구하기로 했습니다. 이 일을 시작하는 데 12명이 필요했는데, 각자 경제활동을 하고 있어야 했고, 이 땅이 팔릴 때까지 자기 수입의 10분의 1을 이 사업을 위해 지불하기로 동의해야만 했습니다. 그렇게 하면 이 사업에 참여한 모든 사람은 자신의 투자금에 비례해 공평하게 이익을 나눠 갖게 될 예정이었어요.

아버지가 제게 말씀하셨습니다. '아들아, 너는 지금 젊은 시절을 보내고 있지 않느냐. 앞으로 네가 부자가 되어 다른 이들로부터 존경받는 사람이 되면 좋겠구나. 그러니 가치 있는 땅에 투자하기를 바란다. 내가 했던 경솔한 실수에서 교훈을 얻었으면 해.'

'물론 저도 그런 부자가 되고 싶습니다, 아버지.'

'그렇다면 네게 이렇게 충고하겠다. 내가 네 나이 때 했어야 하는 일을 하도록 해라. 네 수입에서 10분의 1을 여기에 투자하도록 해. 네 수입의 10분의 1과 그 돈으로 벌어들이는 수익으로 너는 나보다 훨씬 더 일찍 소중한 재산을 모을 수 있게 될 거야.'

'아버지의 말씀이 지혜의 말씀인 것을 압니다. 저도 하루 빨리 부자가 되고 싶고요. 하지만 제 수입은 이곳저곳으로 쓰일 데가 많습니다. 그래서 아버지의 조언을 따르기가 쉽지 않아요. 저는 아직 젊고, 아직 제게는 시간이 많습니다.'

'나 또한 네 나이 때는 그렇게 생각했단다. 하지만 보거라. 시간은 한참이나 흘렀지만, 아직 나는 시작조차 하지 못하였잖느냐.'

'저희는 지금 아버지가 젊으셨던 때와는 완전히 다른 시대를 살아가고 있는걸요. 저는 분명 아버지께서 했던 실수를

피해 갈 수 있을 겁니다.'

　'아들아, 기회는 바로 네 앞에 있단다. 이 기회는 네가 부자가 될 가능성을 열어줄 거야. 내가 이렇게 부탁하마. 더 이상 미루지 말고 지금 당장 시작해야 한다. 내일 내 친구 아들에게 가서 네 수입의 10퍼센트를 투자하겠다고 약속하도록 해. 반드시 내일 꼭 가야 해. 기회는 사람을 기다리지 않는 법이니 말이야. 오늘 지금 여기 있는 이 기회는 곧 사라지고 말아. 그러니 더 이상 미뤄서는 안 돼!'

　아버지께서 이렇게까지 충고하셨음에도, 저는 망설여졌습니다. 이제 막 동양에서 돌아온 상인들이 아름다운 새 옷들을 들고 와 팔고 있었기에, 그렇게 아름답고 고급스러운 옷은 제 아내와 제가 한 벌씩 꼭 입어야겠다고 생각했습니다. 만약 제 수입의 10분의 1을 그곳에 투자하기로 한다면, 우리 가족은 간절히 바랐던 이런 즐거움을 만끽하며 지낼 수가 없었습니다. 저는 그 결정을 미루고 미루다가, 결국 엄청난 후회를 하게 되었습니다. 그 사업은 사람들이 예상했던 것보다 훨씬 더 많은 수익을 올렸던 것이죠. 이것이 바로 제가 경험했던, 어떻게 행운이 비켜 갈 수 있는지 보여주는 이야기입니다."

그가 이야기를 마치자 사막에서 온 거무스름한 얼굴의 남자가 말했다.

"이 이야기에서 우리는 **행운이란 기회를 놓치지 않는 자에게만 찾아온다는 것**을 알 수 있군요. 모든 일에는 그 시작점이 존재하는 법입니다. 엄청난 재산도 그 처음은 금화 한 닢, 은화 한 닢에서 시작되죠. 수입에서 투자로 전환된 적은 돈이 바로 그 시작이 됩니다. 저는 수많은 가축 무리를 거느린 목장 주인입니다. 제가 아주 어렸을 때, 은화 한 닢으로 어린 송아지를 한 마리 샀어요. 바로 이것이 목장을 시작하게 된 계기였습니다. 돌아보면 송아지 한 마리를 산 것은 제 재산 모으기의 시작이 되었기에 제게 매우 중요한 일이었습니다.

엄청난 자산가가 되기 위한 첫 출발점은 누구에게나 찾아올 수 있는 행운입니다. 자기가 땀 흘려 직접 돈을 벌기만 하다가, 자신이 투자한 돈이 벌어들인 돈의 배당금을 받기 시작하는 이 첫 번째 단계는 매우 중요하지요. 어떤 이들은 운 좋게도 젊었을 때 이런 투자를 시작합니다. 따라서 이들은 노년에 투자를 시작한 사람이나 앞서 말씀한 상인의 아버지처럼 아직 시작도 하지 못한 사람들보다 경제적으로 훨씬 더 성공하게 됩니다.

이런 기회가 찾아왔던 젊은 시절에 저 상인이 기회를 붙잡았다면, 오늘날 저분은 이 세상 온갖 좋은 것들을 누리며 사는 축복을 받았을 것입니다. 오늘 길에서 금화가 가득한 지갑을 주웠다는 직조공이 그 행운을 시작점으로 삼아 올바른 방향으로 나아간다면, 그도 머지않아 엄청난 자산가가 될 수 있을 거라고 생각합니다."

이때 다른 나라에서 온 이방인이 일어섰다.

"감사합니다! 저도 한마디 말씀드리고 싶습니다. 저는 시리아인이라서 바빌로니아어를 제대로 구사하지 못합니다. 이 상인에게 별명을 하나 지어주고 싶어서요. 예의가 아니라고 생각하실 수도 있지만 말입니다. 아주 좋은 기회가 왔음에도 뒤로 미루는 사람을 당신들이 부르는 말로 뭐라고 합니까?"

"굼벵이요."

누군가가 답했다.

시리아인은 흥분해서 손을 흔들며 소리쳤다.

"아, 바로 그거군요. 굼벵이 같은 사람은 행운의 여신이 왔을 때 그 기회를 잡지 않습니다. 기다리기만 하죠. 자기에게 지금 당장 해야 할 일이 많다고 하면서요. 전 그런 사람에게 '안녕, 잘 가요'라고 이야기해요. 기회는, 즉 행운의 여신은 그렇게 느릿느릿한 굼벵이를 기다리지 않지요. 기회를 잡기 원하는 사람이라면 재빠르게 행동할 거라고 생각합니다. 눈앞에 기회가 왔음에도 한 발짝도 나아가지 않는 사람은 바로 이분, 굼벵이 같은 사람이지요."

그 상인이 그에게 답하듯 일어나, 온화하게 웃으며 고개를 숙여 인사했다.

"바빌론에 찾아온 이방인이여, 진실에 대해 이야기하는데 전혀 주저하지 않는 당신에게 존경을 표하는 바입니다."

이쯤 해서 아카드가 다시 물었다.

"그럼 이제 또 다른 기회를 경험하신 분의 이야기를 들어보도록 하죠. 어느 분께서 말씀해주시겠습니까?"

붉은 옷을 입은 중년의 남자가 답했다.

"제가 한번 이야기해보겠습니다. 저는 주로 낙타와 말을 취급하는 가축상인입니다. 양이나 염소를 살 때도 있지요. 제가 말씀드리려는 이야기는 기회란 제가 전혀 예상하지 못한 어느 날 갑작스레 찾아온다는 것에서 시작합니다. 아마 그렇게 느닷없이 찾아왔기에 제가 그 기회를 놓쳐버린 것 같습니다. 여러분들께서도 이야기를 듣고 판단해보시지요.

낙타를 구하기 위해 열흘 동안이나 돌아다녔지만 별 성

과 없이 돌아온 어느 저녁이었습니다. 성문이 굳게 닫혀 있는 모습에 정말 화가 났습니다. 저와 함께 다녔던 노예들이 천막을 치고 밤을 지새워야 하는데, 먹을 것도 마실 것도 전혀 없었기 때문이었지요. 그때 나이 든 한 농부가 우리 쪽으로 다가왔습니다. 그도 우리와 마찬가지로 성문 밖에서 밤을 새워야 하는 신세였죠.

그가 제게 말했습니다.

'선생, 제가 보니 선생은 장사를 하시는 분 같은데, 만약 제 생각이 맞다면 제가 지금 막 데려온 아주 건강한 양떼를 선생에게 팔고 싶습니다. 착한 제 아내가 열병에 걸려 누워 있다는 소식을 들었기에 서둘러 집으로 돌아가야 해서요. 선생이 제 양떼를 사주신다면 더 늦기 전에 저와 제 노예가 집으로 돌아갈 수 있을 것 같습니다.'

이미 날이 너무 어두워져서 그가 팔려고 하는 양떼를 볼 수는 없었지만, 양떼의 울음소리를 들어보니 분명 건강하게 잘 자란 녀석들이란 것을 알 수 있었습니다. 낙타를 구하기 위해 열흘이나 허비하고도 결국 찾지 못했던 저는 그와 양떼 거래를 흥정할 수 있어서 좋았습니다. 그는 빨리 떠나야만 하는 상황이었기에 아주 낮은 가격을 제시했습니다. 내일 아침

제 노예들이 양떼들을 몰고 성문 안으로 들어가 팔면 상당한 이익을 볼 수 있을 것이었기 때문에 저는 그 가격을 수락했습니다.

그렇게 흥정을 마치고, 저는 노예를 불러 횃불을 가져오도록 했습니다. 양떼의 숫자가 농부가 말한 대로 900마리가 맞는지 세어보기 위해서였죠. 하지만 양들은 목이 말랐는지 안절부절못하고 서로 치고받으며 돌아다니고 있었기에 그 많은 양의 수를 헤아리기란 도저히 불가능한 일이었어요. 그래서 저는 그 농부에게 내일 아침에 양의 수를 확인한 다음 돈을 지불하겠다고 단호하게 말했습니다.

그러자 그 농부는 제게 간청했습니다.

'하지만 제발 부탁이오, 선생. 내가 오늘 밤 집으로 돌아갈 수 있도록 양떼 값의 3분의 2만 먼저 주시면 안 되겠습니까? 제 노예 중 가장 똑똑한 자를 하나 남겨두고 가겠습니다. 제가 가장 신임하는 노예인 그가 당신을 도와 양의 숫자를 세도록 할 테니, 내일 아침 나머지 양떼 값을 그에게 주시면 어떻겠습니까?'

하지만 저는 고집스럽게도 그날 밤 그에게 돈을 주지 않았습니다. 다음 날 아침, 제가 깨어나기도 전에 성문이 열렸고, 곧바로 양을 사려는 사람 넷이 뛰어왔습니다. 도시가 포위 공격을 받고 있는 데다 식량도 충분하지 않은 상황이었기에 그들은 높은 가격에 양떼를 사겠다며 달려들었습니다. 농부는 제게 제안했던 가격의 3배나 되는 돈을 받고 그들에게 양떼를 팔았습니다. 흔치 않은 행운이 제게 찾아왔음에도 그렇게 물거품처럼 사라져버렸죠."

그의 말이 끝나자 아카드가 말했다.

"아주 소중한 경험담이네요. 이 이야기가 우리에게 주는 교훈이 무엇일까요?"

덕망 있어 보이는 안장 제작자가 답했다.

"거래에 대한 확신이 들면 그 즉시 결정해야 한다는 것이 아니겠습니까. 만일 그 거래가 확실한 것이라면, 쓸데없는 불안감에 거래를 미룰 필요가 없는 거죠. 우리 인간은 변덕스러운 존재입니다. 옳은 결정을 내리고 나서 그 결정을 뒤집는 경우가 많습니다. 오히려 틀린 결정을 내렸을 때 정말로 고집스럽게 밀고 나아가지요. 반대로 옳은 결정을 내렸을 때는 망설이다가 그 기회를 놓쳐버립니다.

저 같은 경우에는 대부분 처음 내린 결정이 최선의 선택이었습니다. 하지만 늘 좋은 거래를 앞두고 선뜻 결정을 내리지 못하고 행운을 날려버렸죠. 이 같은 스스로의 단점을 파악한 저는 이를 극복하기 위해 계약하는 즉시 돈을 지불합니다. 이렇게 해서 차후에 행운이 날아가 후회하는 일이 다시는 없도록 하는 거죠."

시리아인이 다시 일어섰다.

"감사합니다! 제가 다시 한번 한 말씀 드려야겠군요. 이 두 가지 이야기가 매우 비슷하네요. 동일한 이유로 매번 기회가 사라져버렸으니까요. 행운의 여신은 매번 좋은 계획을 가지고 굼벵이에게 찾아옵니다. 그때마다 굼벵이들은 망설이면서 지금이 그 일을 당장 시작해야 할, 최적의 타이밍이라고 생각하지 않습니다. 이런 식으로 한다면 어떻게 성공할 수 있겠습니까?"

가축상인이 답했다.

"정말 현명한 말씀이십니다. 이 두 가지 이야기 모두 행운이 굼벵이에게서 달아났음을 보여줍니다. 하지만 이런 일이 드문 것이 아닙니다. 굼벵이처럼 일을 미루는 습성은 우리 인간이 모두 갖고 있는 것이지요. 우리는 부자가 되기를 열망합니다. 하지만 기회가 우리 앞에 나타났을 때 우리 안에 굼벵이처럼 미루는 습성이 갖가지 변명거리를 만들어내면서 그 결정을 뒤로 미루는 경우가 너무도 많습니다. 내 안의 그 목소리를 듣는 동안, 자기 스스로가 자신의 최악의 적이 되어버리는 거죠.

젊은 시절 저는 시리아에서 온 분께서 말씀하신 이 굼벵이라는 단어의 의미를 깊이 생각해보지 않았습니다. 처음에는 제가 판단력이 부족하기 때문에 수익성 있는 거래를 이뤄내지 못했다고 생각했어요. 나중에는 이것이 제 고집스런 성격 때문이었다고 생각했습니다. 하지만 마침내 그것이 바로 굼벵이 같은 습성 때문이었음을 깨닫게 되었습니다. 당장 결정을 내려야 하는, 신속함과 결단력이 필요한 상황에서 불필요하게 시간을 끄는 굼벵이 같은 습관 때문이었죠. 그 습성에 대해 깨닫게 되자 너무나 괴로웠습니다. 마차에 매인 끈을 풀어내려고 하는 야생 당나귀처럼 성공을 가로막는 이 습성에서 벗어나기 위해 온갖 노력을 다했죠."

시리아인이 다시 일어나 말했다.

"저는 당신께 질문하고 싶은데요. 가난한 자들이 입는 옷이 아닌 좋은 옷을 입고 계시고, 말씀하시는 것도 이미 성공하신 분 같아 보이십니다. 지금도 여전히 굼벵이가 나타나 속삭이나요? 요즘도 그 말에 귀를 기울이시는지 궁금합니다."

가축상인은 질문에 답했다.

"앞서 말씀하신 상인처럼 저 또한 자꾸 미루려는 굼벵이 같은 습성이 제게 있다는 것을 받아들이고 이 습성을 떨쳐내야 했습니다. 오랜 시간 스스로를 지켜보았더니 굼벵이 기질이 제 성공을 가로막는 가장 강력한 적임을 알게 되었습니다. 제가 말씀드린 이 이야기는 제가 날려버린 수많은 기회 중 하나일 뿐입니다. 일단 제게 굼벵이 습성이 있음을 받아들이고 나서는 그 습성을 버리는 것이 어렵지 않았습니다. 도둑이 들어와서 자기 집 곡식을 훔쳐 가도록 그냥 두는 사람이 어디 있겠습니까? 경쟁자가 내 손님을 빼앗아 이익을 얻으려 하는데도 가만히 있는 사람이 있을까요? 내 안의 굼벵이라는 기질이 이런 일을 벌이고 있다는 사실을 깨달았을 때, 저는 내 안의 굼벵이부터 사라지게 하겠다고 결심했습니다. 우리 모두는 바빌론의 보물을 나눠 갖기를 기대하기 전에 자기 안에 있는 굼벵이 기질부터 없애야 합니다."

가축상인은 이렇게 말하고는 아카드를 보며 물었다.

"아카드 선생님, 어떻게 생각하십니까? 선생님께서는 바빌론에서 가장 부자이시니, 선생님이 가장 행운이 따르는 자라고 주장하는 사람들이 많이 있습니다. 그 누구도 자기 자신

안에 있는 굼벵이 기질을 완전히 없애버리기 전까지는 완전한 성공에 도달할 수 없다는 제 생각에 선생님께서도 동의하십니까?"

아카드가 그의 말에 수긍하며 말했다.

"물론 그렇습니다. 꽤나 긴 세월을 살아오면서 저는 여러 세대의 사람들을 지켜보았습니다. 장사를 하는 사람이나 학문을 연구하는 사람 등 다양한 사람들을 볼 수 있었죠. 이들은 모두 성공하기 위해 열심히 노력했고, 모두에게 기회가 찾아왔습니다. 그런데 이들 중 몇몇만이 자신에게 찾아온 기회를 꽉 붙잡아 성공했고, 나머지 대부분은 망설이다가 그 기회를 놓치고 말았습니다. 그렇게 뒤처지게 되었죠."

아카드가 직조공을 향해 고개를 돌렸다.

"당신이 우리에게 행운에 대해 토론해볼 것을 제안하지 않았습니까. 이 주제에 대해 지금 당신은 어떻게 생각하는지 들어보고 싶군요."

"이제 저는 행운을 다른 관점에서 바라보게 되었습니다. 지금까지는 행운을 노력 없이도 우리에게 나타날 수 있는, 우리가 가장 갖고 싶어 하는 무언가라고 생각했습니다. 저는 이제 아무 노력 없이 가만히 있는 자에게 그저 행운이 찾아오는 것이 아니라는 사실을 알게 되었습니다. 저희가 했던 토론을 통해 **스스로에게 행운이 찾아오도록 하기 위해서는 기회를 잘 활용해야만 한다**는 것을 배웠습니다. 따라서 저는 앞으로 제게 다가올 기회를 최대한 활용하기 위해 노력할 생각입니다."

아카드가 고개를 끄덕였다.

"우리의 논의를 통해 도출된 진리를 잘 이해하셨군요. 행운이란 기회를 놓치지 않고 잡은 사람에게만 찾아오는 법입니다. 앞서 말씀해주신 중년의 상인 역시 마찬가지였겠죠. 행운의 여신이 그에게 준 기회를 받아들였다면, 그 또한 큰 행운을 마주하게 되었을 것입니다. 가축상인도 그날 밤 양떼를 샀다면 엄청난 이익을 남기고 양떼를 되파는 행운을 누릴 수 있었을 것이고요.

우리는 행운이 우리에게 찾아올 수 있는 방법을 찾아내기 위해 이 논의를 해보았습니다. 저는 우리가 그 방법에 대해 알아냈다고 봅니다. 우리가 나누었던 두 가지 이야기 모두에서 어떻게 행운이 기회를 따라오는지 알 수 있었습니다. 행운에 관한 수많은 이야기에서 공통적으로 찾아낼 수 있는 진실이기도 합니다. 그것은 바로 '**행운은 우리가 기회를 받아들일 때 우리에게 찾아온다**'는 것입니다.

더 나은 삶을 위해 기회를 열망하는 사람들에게 행운의 여신이 찾아옵니다. 행운의 여신은 항상 자신을 기쁘게 하는 사람들을 도우려고 하죠. 행동하는 사람들이 바로 행운의 여신을 가장 기쁘게 하는 이들입니다.

행동은 스스로가 바라던 성공으로 여러분을 이끌어갈 것입니다."

행운의 여신이 가장 좋아하는 사람은 행동하는 자다

5장.
다섯 가지 황금의 법칙

"금화가 가득 담겨 있는 가방과 지혜의 이야기가 새겨진 점토판 중 하나만 선택할 수 있다면, 자네들은 어떤 것을 고르겠는가?"

사막에 피워놓은 모닥불의 반짝이는 빛에, 햇볕에 까맣게 그을린 얼굴들의 호기심 어린 표정 스물일곱 개가 비쳤다. 그들은 합창하듯 동시에 답했다.

"물론 금화지요!"

나이 지긋한 노인 칼라밥은 그럴 줄 알았다는 듯 미소를 지었다. 칼라밥이 손을 들어 보이며 다시 말을 이었다.

"자, 들어보게나. 한밤중에 들리는 들개 소리는 배 고픈 들개들이 울부짖고 또 울부짖는 소리야. 하지만 그런 들개에게 먹을 걸 주면 어떻게 되겠는가? 들개들은 서로 싸우고 으르렁거리지. 내일 어떤 일이 닥칠지는 생각지도 않고, 눈앞의 먹이를 두고 싸우며 으르렁거리기만을 반복한다네.

인간 역시 들개와 마찬가지야. 금화와 지혜 중 하나를 선택하라고 하면, 어떻게 하는가? 지혜는 무시하고 금화는 받는 순간 몽땅 써버리지. 그러고는 다음 날 더 이상 금화가 없다며 통곡하겠지. 금화는 그 법칙을 알고 지키는 자에게 허락되는 것이라네."

차가운 밤바람이 불어오자 칼라밥은 입고 있던 하얀 옷을 끌어내려 깡마른 다리를 덮었다.

"자네들은 긴 여행길을 함께하며 나를 충실히 도왔네. 내 낙타들도 정성껏 보살폈고, 뜨거운 햇살이 내리쬐는 광야를 횡단할 때도 불평 하나 하지 않고 걸었지. 내 물건을 빼앗으려는 도둑에 맞서 용감히 싸워주기도 했어. 그래서 오늘 밤 자네들에게 다섯 가지 황금의 법칙을 알려주고자 하네. 전에는 한 번도 들어본 적이 없는 이야기일 걸세.

내가 지금부터 하는 말을 주의 깊게 듣도록 하게. 자네들이 내 말의 뜻을 이해하고 그대로 실천하면 앞으로 엄청난 부자가 될 수 있을 테니까 말이야."

칼라밥은 잠시 하던 말을 멈췄다. 푸른빛의 차양 위로, 바빌로니아의 새까만 하늘 위에 수정같이 맑은 별들이 반짝이고 있었다. 그들 뒤편에는 사막의 거센 폭풍에 대비해 깊게 말뚝 박아 세워둔 빛바랜 천막이 빽빽하게 들어차 있었다. 천막 옆쪽으로는 가지런히 쌓인 물건들 위로 덮개가 덮여 있었고, 근처에 모아놓은 낙타 무리는 모래밭에 다리를 쭉 펴고 있었다. 몇 마리는 기분 좋게 되새김질을 하는 중이었고, 또 몇 마리는 떠들썩하게 코를 골아대며 자고 있었다.

우두머리 짐꾼이 큰 소리로 말했다.

"어르신, 어르신께서는 저희에게 벌써 좋은 이야기를 많이 들려주셨습니다. 저희는 이번 일이 끝나면, 어르신께서 전해주신 지혜가 저희의 앞날을 이끌어줄 거라 생각합니다."

"그렇지, 나는 지금까지 자네들에게 낯설고 먼 나라에서 경험한 내 모험담을 들려주었지. 하지만 오늘 밤에는 현명한 부자 아카드라는 사람이 남긴 지혜에 대해 전해주려고 하네."

우두머리 짐꾼이 말했다.

"저희도 아카드에 대한 이야기를 많이 들어보았습니다. 바빌론에서 제일가는 부자였으니까요."

"바빌론 최고의 부자 아카드는, 그전에는 그 누구도 활용하지 못했던 돈을 모으는 현명한 방법에 대해 알고 있던 분이었네. 내가 아주 젊었을 때, 아카드의 아들 노마시르가 내게 들려주었던 이야기라네. 그가 니네베에서 들려주었던 아카드의 위대한 지혜를 내가 오늘 밤 자네들에게 전해주려 하네."

×××

나는 주인님과 함께 노마시르의 집에서 밤을 보내고 있었어. 주인님을 도와 고급스러운 융단들을 집 안으로 옮겼지. 노마시르가 마음에 드는 색상을 고를 때까지 융단 묶음을 하나씩 들여와야 했어. 마침내 노마시르는 만족스러운 제품을 골랐지. 그는 우리에게도 함께 자리에 앉아 포도주를 한 잔씩 마시라며 주었어. 매우 귀한 그 포도주의 익숙지 않은 향내가 콧속에 가득 차더군. 한 모금 들이마시자 이내 뱃속에 따뜻한 기운이 돌았지.

그러자 노마시르는 자신의 아버지 아카드의 위대한 지혜에 대해 이야기하기 시작했지.

모두가 알고 있다시피 바빌론에서는 아버지가 부자인 경

우 그 아들들은 유산을 상속받길 기대하면서 부모와 함께 사는 것이 일반적이었지. 하지만 아카드는 이런 관습을 인정하지 않았어. 노마시르가 성년이 되었을 때, 아카드는 아들을 불러 이렇게 말했지.

"아들아, 네가 내 재산을 물려받았으면 정말 좋겠구나. 하지만 그러기 위해서는 네가 재산을 현명하게 관리할 수 있다는 것을 먼저 증명해 보여야 한단다. 나는 네가 세상으로 나아가 돈을 버는 능력을 키우고, 사람들 사이에서 존경받을 수 있는 사람이 되었으면 해.

네게 줄 것이 두 가지 있다. 사실 이것들은 내가 가난했던 젊은 시절, 돈을 모으기 시작했을 때에는 그 중요성에 대해 알지 못했던 것들이다.

먼저, 너에게 금화가 든 가방을 주겠다. 만일 네가 이 금화를 현명하게 쓸 줄 안다면, 이 가방에 든 금화가 네 성공적인 미래의 기반이 되어줄 것이다.

그리고 다섯 가지 황금의 법칙이 새겨진 점토판을 네게 주마. 네가 여기에 새겨진 법칙대로 실천한다면 상당한 자산을 벌게 될 것이며 그 자산을 안전하게 지켜낼 수 있을 거야.

10년 후에 내게 돌아와서 스스로 했던 일에 대해 이야기해다오. 네가 현명하게 자산을 관리했다는 사실을 증명해 보인다면, 내 유산을 네게 물려주도록 하지. 하지만 만일 그렇게 하지 못했다면, 내 유산을 신께 바치도록 하겠다."

그래서 노마시르는 금화가 담긴 가방과 비단으로 조심스레 싼 점토판을 들고, 자신의 노예와 함께 말을 타고 길을 나섰어.

그렇게 10년이라는 시간이 흘러, 노마시르는 약속한 대로 아버지의 집으로 돌아왔어. 그의 아버지는 친구들과 친척들을 초대해 성대한 연회를 베풀었지. 연회가 끝나자 아버지와 어머니는 연회장 한쪽에 놓인 왕좌와도 같은 의자에 앉았고, 노마시르는 아버지와의 약속대로 자신이 보낸 지난 10년의 시간에 대해 이야기하기 위해 그들 앞에 섰어.

연회장은 희미하게 불을 밝힌 오일 램프의 심지에서 나오는 연기로 흐릿해졌지. 흰 천으로 된 옷을 입고 있는 노예들은 기다란 야자수 잎으로 부채질을 반복해가며 눅눅한 공기를 순환시켰어. 엄숙함이 느껴지는 분위기였지. 그 자리에 모인 노마시르의 아내와 어린 두 아들, 친구들과 다른 가족들이 모두 융단에 앉아 그의 이야기에 집중했어.

그는 공손한 말투로 이야기를 시작했지.

"아버지, 아버지의 지혜 앞에 감사의 절을 올립니다. 10년 전 제가 성년이 되었을 때, 아버지께서는 저를 재산을 물려받기만을 기대하는 상속자로 머무르게 하지 않으셨지요. 그 대신 세상으로 나아가 사람들 사이에서 배움을 얻을 수 있게 하셨습니다.

아버지께서는 제게 아낌없이 금화를 나누어주셨습니다. 아버지의 지혜도 제게 아낌없이 나누어주셨지요. 아버지께서 주신 금화는, 제가 관리에 철저히 실패했다는 사실을 인정합니다. 생전 처음 산토끼를 잡았지만, 잡자마자 곧바로 놓쳐버린 젊은이처럼, 경험이 부족했던 제 손에서 아버지께서 주신 금화는 전부 달아나버리고 말았습니다."

그의 아버지는 너그러운 표정으로 미소를 지었어.

"계속 이야기하거라, 아들아. 어떤 일이 있었는지 자세히 말해주면 좋겠구나."

"저는 니네베로 떠나기로 했습니다. 니네베는 성장하고 있는 도시였기 때문에, 그곳에 가면 기회를 찾을 수 있을 거라고 생각했어요. 저는 대상(隊商)의 일원이 되었는데 그 일행 가운데 여러 친구들을 사귈 수 있었습니다. 그중 재치 있게 말을 잘하는 두 남자가 있었어요. 이들은 바람처럼 빠르고 아름다운 백마를 공동소유하고 있었지요.

함께 이동하는 길에 이들은 제게 이런 이야기를 했습니다. 니네베에서 가장 빠른 말을 소유한 부자가 있는데, 그의 말은 단 한 번도 경주에서 진 적이 없었다고요. 그 말의 주인은 자기 말보다 빠른 말은 없다고 믿어서, 바빌로니아의 그 어떤 말이 경주에 나온다 해도 자기 말에 엄청난 돈을 건다고 했어요. 하지만 두 친구는 자기들의 백마와 비교하면 그 부자의 말은 느릿느릿 걷는 당나귀와 같다고 했죠. 확신에 찬 목소리로 제게 그렇게 말하는 게 아니겠어요?

그러면서 제게도 그 경주에 돈 걸 기회를 주겠다고 했어요. 저는 그들이 제안한 기회에 혹하고 말았습니다.

하지만 결과는 처참한 패배로 끝났고, 결국 저는 큰돈을 잃고 말았습니다."

아들의 말에 아버지는 조용히 미소만 지었지.

"나중에야 저는 이것이 그들이 계획적으로 꾸며낸 일이라는 사실을 알게 되었죠. 이들은 대상들과 함께 다니면서 저 같은 풋내기를 찾고 있었던 겁니다. 물론 니네베의 그 부자 역시 이들과 한패였기에 내기에서 얻은 돈을 이들끼리 나눠 가졌답니다. 이들의 교묘한 속임수에 넘어갔던 저는 언제나 다른 사람을 경계할 줄 알아야 한다는 교훈을 얻게 되었지요.

곧이어 저는 마찬가지로 씁쓸한 경험을 통해 또 다른 교훈을 얻게 되었습니다. 대상 일행 가운데 꽤나 친해진 또 다른 젊은이가 있었습니다. 그는 부유한 집안의 아들이었고, 저와 마찬가지로 돈을 벌 적절한 곳을 찾아 니네베로 가는 중이었어요. 우리가 니네베에 도착한 지 얼마 되지 않았을 때였습니다. 제가 경마 사기꾼들에게 속아 낙담하고 있을 때 그 친구가 저를 찾아와 이야기를 건넸습니다. 어느 가게를 운영하던 상인이 갑작스레 죽어서 그의 가게와 수많은 물건, 그리고 단골손님까지 싼값에 넘겨받을 수 있다는 거였죠. 제게 동업자가 되어 그 가게를 인수하자고 했습니다. 그런데 자기는 먼저 바빌론에 돌아가서 돈을 마련해 와야 하니, 제가 먼저 돈을 지불하고 그 가게를 인수하면 차후에 함께 사업을 하면서 필요한 부분에 자기 돈을 쓰겠다고 했어요.

하지만 그는 바빌론에 다녀오기로 한 계획을 계속해서 미뤘습니다. 그사이 이 가게를 매입한 일이 현명하지 못한 결정이었고, 그는 어리석은 동업자였음이 드러났죠. 결국 저는 그를 해고했지만, 사업을 접기 전까지도 이 가게에서 판매할 수 있는 물건은 하나도 없었어요. 물론 다른 물건을 사들일 돈도 없었고요. 결국 이스라엘 사람에게 이 가게를 헐값에 넘기고 말았습니다.

아버지, 사실 그 일이 있은 후에도 정말이지 힘든 날들이 계속해서 찾아왔습니다. 시도해볼 수 있는 다른 사업도 없었고, 다른 기술을 배운 적도 없었던 탓에 결국 저는 제가 가지고 있던 말을 팔았고, 노예도 팔 수밖에 없었습니다. 먹을 것과 잠잘 곳이 필요해서 제 여분의 옷가지까지 팔았지만, 냉혹한 현실은 매일매일 저를 더욱더 위축시켰습니다.

하지만 아프고 쓰라린 날들 가운데서 저를 굳게 믿고 계실 아버지가 생각났습니다. 아버지께서는 제가 사람답게 살 수 있도록 세상에 내보내셨기에 저는 아버지께서 내주신 과업을 이뤄야겠다고 결심했습니다."

그의 어머니는 얼굴을 숙이며 가만히 눈물을 흘렸어.

"바로 그때 저는 아버지께서 제게 주신 다섯 가지 황금의 법칙이 새겨진 점토판이 기억났습니다. 저는 아버지의 지혜가 담긴 그 점토판을 한 자도 놓치지 않고 꼼꼼히 읽었습니다. 그리고 제가 그 점토판을 먼저 읽었더라면 가지고 있던 금화를 잃어버릴 일도 없었을 거라는 사실을 깨닫게 되었죠. 저는 이 다섯 가지 법칙을 모두 외웠어요. 행운의 여신이 다시 한번 저를 향해 미소를 지어주면, 그때는 어린 날의 미숙함이 아닌 나이 든 자의 지혜로 그 미소에 답할 수 있을 거라는 확신이 생겼습니다.

오늘 밤 이 자리에 계신 여러분들을 위해 아버지께서 10년 전 제게 주신 점토판에 새겨져 있던 아버지의 지혜를 읽어드리도록 하겠습니다.

다섯 가지 황금의 법칙

1. 황금은, 자신과 가족의 미래를 위해 수입의 10분의 1 이상을 꾸준히 저축하는 자에게 기꺼이, 그리고 점점 더 자주 찾아온다.

2. 황금은, 자신의 수입을 유리하게 운용할 줄 아는 현명한 자에게 부지런히 찾아오며, 급속히 늘어난다.

3. 황금은, 지혜로운 자들의 조언에 따라 투자하는 신중한 사람의 곁을 결코 떠나지 않는다.

4. 황금은, 본인이 잘 알지 못하거나 경험 있는 사람이 추천하지 않는 분야에 투자하면 순식간에 그의 곁을 떠

나버린다.

5. 황금은, 불가능한 것을 꿈꾸거나, 사기꾼의 그럴싸한 조언을 좇거나, 자신의 미숙함은 깨닫지 못하고 덧없는 욕망에 사로잡힌 사람으로부터 달아나버린다.

바로 이것이 저희 아버지께서 쓰신 다섯 가지 황금의 법칙입니다. 저는 이 법칙이 황금 자체보다 훨씬 더 중요한 가치가 있는 것이라고 감히 말씀드립니다. 제 경험을 계속해서 말씀드리면 여러분도 그 사실을 곧 알게 되실 겁니다."

그는 다시 아버지를 바라보며 이야기를 이어갔지.

"제가 경험이 없고 서투른 탓에 엄청난 가난과 절망 속에서 지냈다고 아버지께 말씀드렸죠. 하지만 계속되는 불행도 끝이 있었습니다. 제가 새로운 성곽의 외벽을 공사하는 노예들을 관리하는 일자리를 얻게 되면서 그 불행이 끝나기 시작했어요.

황금의 제1법칙을 알게 된 저는, 제 수입의 일부를 저축했습니다. 돈이 생길 때마다 꾸준히 저축하자 마침내 은화 한 닢이 만들어졌습니다. 하지만 저도 먹고살아야 했기 때문에 그렇게 돈을 모으는 데는 긴 시간이 걸렸습니다. 솔직히 말씀드려서, 저는 돈을 쓰는 데 매우 인색했습니다. 10년이라는 시간이 흘러가기 전에 아버지께서 제게 주신 돈 전부를 다시 모으겠다고 다짐했기 때문입니다.

어느 날 저와 매우 가까워진 노예 주인이 제게 이렇게 말했습니다.

'자네는 번 돈을 제멋대로 쓰지 않는 검소한 청년이로군. 그렇게 돈을 모으는 이유가 따로 있는가?'

'예, 그렇습니다. 제가 고향을 떠날 때 아버지께서 제게 주셨던 돈을 모두 잃고 말았거든요. 그 돈을 다시 모으는 것이 저의 가장 큰 목표입니다.'

'참으로 바람직한 목표를 가졌군. 그런데 자네가 번 돈을 제대로 굴린다면, 더 많은 돈을 벌 수 있다는 사실을 알고 있나?'

'아! 네, 알고 있습니다. 하지만 저는 이미 쓰라린 경험을 했습니다. 제 아버지께서 주신 돈을 모두 날려버렸기 때문에, 제가 번 돈을 또 날려버릴까 봐 너무 두렵습니다.'

그러자 노예 주인이 이렇게 말했습니다.

'만일 자네가 나를 믿는다면, 내가 자네에게 돈을 굴려 이익을 내는 방법에 대해 알려주도록 하겠네. 일 년 안에 성벽이 모두 완성될 걸세. 그러면 왕은 적군들이 성을 침입하는 것을 막기 위해 각각의 입구에 청동문을 세울 준비를 할 거야. 현재 니네베 전역에는 이 문을 제작할 청동이 충분치 않고, 왕 또한 청동을 구할 생각을 하지 못하고 있지. 그래서 내가 세운 계획은 이렇다네. 사람들을 모으고 함께 돈을 모아서 구리광산과 주석광산에 대상을 보내는 거야. 그들에게 성문을 제작할 때 필요한 청동을 만들어 니네베로 가져오도록 하는 거지. 왕이 이제 성문을 만들라고 지시하면, 청동을 공급할 수 있는 사람이 우리뿐이니 높은 가격에 팔 수 있지 않겠는가. 만일 왕이 우리에게 직접 청동을 사지 않더라도, 적당한 가격에 다른 사람들에게 청동을 팔 수 있을 걸세.'

노예 주인의 제안은 아버지께서 알려주셨던 황금의 제 3법칙에 딱 들어맞는 것이었습니다. 따라서 저는 지혜로운 자의 조언에 따라 저축해둔 돈을 투자할 기회를 잡았던 거죠. 그 기대는 어긋나지 않았습니다. 성공적으로 사람들을 모아 함께 돈을 투자했고, 그 투자로 엄청난 돈을 회수할 수 있었습니다.

얼마 후에 저는 청동사업 공동출자 단체의 일원이 되어 다른 사업에도 참여하게 되었어요. 이들은 수익을 내는 법을 잘 알고 있는 사람들이었습니다. 이들은 사업을 시작하기 전, 신중하게 계획을 논의했습니다. 이들은 원금을 잃거나 돈을 회수할 수 없는, 수익성 없는 사업에 투자한 적이 없었습니다. 이들과 함께 사업을 한다면, 과거에 제가 아무 경험 없이 뛰어들었던 말 경주나 동업처럼 어리석은 결과를 가져올 일은 전혀 없을 것이었습니다. 또한 이들은 스스로의 약점이 무엇인지도 정확하게 알고 있는 사람들이었지요.

이들과 교제하면서 저는 안전하게 투자하고 수익을 얻는 방법에 대해 알게 되었습니다. 시간이 갈수록 제 자산은 점점 더 빠르게 불어났죠. 제가 잃었던 돈을 모두 회수했을 뿐 아니라, 그보다 훨씬 더 많은 돈을 벌게 되었습니다.

제가 겪었던 불행과 시련, 그리고 성공을 통해 저는 아버지께서 알려주신 다섯 가지 황금의 법칙의 지혜를 직접 실천해보게 되었습니다. 그리고 어떤 경우에도 이 법칙은 그대로 들어맞는다는 사실을 깨달았습니다. 이 다섯 가지 법칙을 모르는 사람에게는 재물이 모이지 않고 빠르게 사라집니다. 하지만 이 법칙들을 따르는 사람에게는 돈이 모이고, 그 돈은 마치 충실한 노예처럼 그에게 다른 돈을 벌어다 줍니다."

노마시르는 잠시 말을 멈추고 방의 뒤쪽에 있던 노예에게 손짓을 했지. 그 노예는 한 번에 하나씩, 총 3개의 무거운 가죽 가방을 가지고 왔어. 노마시르는 이 중 하나를 그의 아버지에게 가져가 내려놓고, 다시 이야기를 시작했지.

"아버지께서는 제게 바빌론의 황금이 담긴 가방 하나를 주셨습니다. 자, 여러분 모두가 확인하실 수 있듯 바빌론의 황금과 똑같은 무게의 니네베 황금을 아버지께 돌려드립니다.

아버지께서는 지혜의 말씀이 새겨진 점토판을 제게 주셨습니다. 그 값으로 저는 황금이 든 가방 2개를 아버지께 돌려드립니다."

그렇게 말하면서 그는 나머지 가방 2개를 가져와 아버지 앞에 내려놓았지.

"아버지, 이것은 제가 아버지께서 전해주신 지혜를 황금보다 더 귀중히 여김을 증명해 보이기 위해 드리는 것입니다. 하지만 과연 그 누가 지혜의 가치를 황금 가방으로 측정할 수 있겠습니까? 황금을 가진 자에게 지혜가 없다면 그 황금은 빠르게 사라지게 됩니다. 하지만 이 황금이 담긴 가방 3개가 증명해 보여주듯, 지혜가 있다면 황금을 갖지 못한 자도 황금을 얻을 수 있습니다.

아버지, 제가 지금 아버지 앞에 서서 이렇게 말씀드릴 수 있는 것도 모두 그 지혜 덕분입니다. 저는 그 덕분에 부자가 되고, 사람들에게 존경받는 인물이 될 수 있었습니다."

조용히 노마시르의 이야기를 듣던 아카드는 다정한 손길로 아들의 머리에 손을 얹으며 말했지.

"제대로 교훈을 얻었구나, 노마시르. 내 재산을 맡길 수 있는 너 같은 아들을 둔 나는, 정말이지 운이 좋은 사람이야."

×××

칼라밥은 노마시르의 이야기를 끝내고 나서 자신의 이야기를 듣고 있던 사람들을 잠시 살펴보았다. 그러고는 계속해서 말을 이어나갔다.

"노마시르의 이야기가 자네들에게 어떤 의미가 있는가? 자네들 중에서 아버지나 장인에게 달려가 스스로가 번 돈을 제대로 관리해왔다고 말할 수 있는 사람이 있는가?

자네들이 '그동안 많은 곳을 여행했고 많은 것을 배웠습니다. 열심히 일하며 돈도 많이 벌었지만, 지금 제가 갖고 있는 돈은 얼마 되지 않습니다. 현명하게 지출한 적도 있지만, 어리석은 판단으로 돈을 날렸고 사실 그렇게 잃은 돈이 대부분입니다'라고 말한다면 아무리 덕망 있는 분들이라 해도 어떤 말씀을 하실 수 있겠나?

아직도 부자와 가난한 자의 차이가 운명 때문이라고 생각하는가? 그렇다면 그건 잘못된 생각일세. 부자는 다섯 가지 황금의 법칙을 알고 그 법칙을 지킨 사람들이야.

나는 젊었을 때 이 다섯 가지 법칙에 대해 배웠고 그것을 충실히 지켰기 때문에 부유한 상인이 될 수 있었네. 어떤 마법 같은 힘이 내 재산을 불려준 게 아니야.

갑작스럽게 부를 쌓으면 그 돈은 순식간에 사라지게 마련이지. 꾸준히 노력하고 배워서 번 돈만이 기쁨과 만족을 가져다주는 법일세. 항상 생각하고 노력하는 사람에게 돈을 버는 일이란 가벼운 짐 하나를 짊어지는 것에 불과하네. 그 짐을 계속해서 견디며 나아가는 사람이 최종 목표를 달성할 수 있지.

다섯 가지 황금의 법칙을 충실히 지키는 사람에게는 보상이 따른다네. 이 다섯 가지 법칙 각각에는 깊은 뜻이 담겨 있어. 내가 짧은 이야기로 그 뜻을 전했지만, 자네들이 그 중요성을 간과하지 않도록 다시 한번 말해주겠네. 나는 이 다섯 가지 법칙 모두를 아직까지도 외우고 있다네. 젊은 시절, 이 법칙이 얼마나 가치가 있는 것인지 알았기 때문에 그 뜻을 완벽하게 이해할 때까지 읽고 또 읽었지.

첫 번째 황금의 법칙: 황금은, 자신과 가족의 미래를 위해 수입의 10분의 1 이상을 꾸준히 저축하는 자에게 기꺼이, 그리고 점점 더 자주 찾아온다

자기 수입의 10분의 1을 꾸준히 모으고 그 돈을 현명하게 투자하는 사람이라면 누구나 분명 귀중한 자산을 모을 수 있을 것이다. 이 자산은 향후의 수입을 보장해줄 것이며, 신께서 어둠의 세계로 그를 부르실 경우에는 이 자산이 그 가족들의 안전을 보장해줄 것이다.

이 법칙은 이를 지키는 자에게는 황금이 '기꺼이, 점점 더 자주' 찾아올 거라고 말한다. 이는 내가 살면서 직접 경험한 것이기에 분명히 증명해 보일 수 있다. 더 많은 재산을 모을수록 보다 쉽게 재산이 축적되었고, 점점 더 많은 재산이 쌓였다. 내가 모은 돈이 더 많아졌듯, 그대들의 돈도 더욱 많아질 것이다. 돈이 돈을 낳기 때문이다. 바로 이것이 첫 번째 법칙을 따랐을 때 생기는 결과다.

두 번째 황금의 법칙: 황금은, 자신의 수입을 유리하게 운용할 줄 아는 현명한 자에게 부지런히 찾아오며, 급속히 늘어난다

황금은 자발적으로 일하는 일꾼과 같아서, 기회가 주어질 때마다 스스로의 규모를 키우게 되어 있다. 황금을 비축해둔 자라면 누구에게든 기회가 찾아온다. 그리고 시간이 지날수록 놀라운 속도로 자산이 불어난다.

세 번째 황금의 법칙: 황금은, 지혜로운 자들의 조언에 따라 투자하는 신중한 사람의 곁을 결코 떠나지 않는다

황금은 경솔한 자에게서는 달아나지만, 신중한 사람에게는 꼭 달라붙어 있다. 현명하게 자산을 관리하는 자에게 조언을 구하면, 자신의 자산을 위험한 곳에 빠뜨리지 않고 안전한 곳에 투자할 방법을 배울 수 있다. 그러면 돈이 점점 쌓여가는 즐거움을 만끽하게 된다.

네 번째 황금의 법칙: 황금은, 본인이 잘 알지 못하거나 경험 있는 사람이 추천하지 않는 분야에 투자하면 순식간에 그의 곁을 떠나버린다

황금을 갖고 있지만 제대로 관리할 줄 모르는 사람들은

이것도 저것도 다 이익이 될 거라고 너무나 쉽게 착각한다. 하지만 이런 투자처는 손실 위험이 큰 경우가 많다. 만일 경험 있는 사람이 이런 투자처를 면밀히 분석해본다면 전혀 이익이 날 수 없는 곳이라고 판단하는 경우가 대부분일 것이다. 경험이 부족한 투자자는 자신의 판단을 믿고 잘 알지 못하는 사업 분야에 투자한다. 결국 그는 자신의 판단이 옳지 않았음을 알게 되고, 경험 부족의 대가로 황금을 잃고 만다. 그러므로 돈을 불릴 줄 아는 사람들의 조언에 따라 투자하는 사람만이 정말로 현명한 사람이다.

다섯 번째 황금의 법칙: 황금은, 불가능한 것을 꿈꾸거나, 사기꾼의 그럴싸한 조언을 좇거나, 자신의 미숙함은 깨닫지 못하고 덧없는 욕망에 사로잡힌 사람으로부터 달아나버린다

모험 소설 속 주인공은 언제나 비현실적인 수작을 부려 황금의 주인이 된다. 게다가 마법의 힘이 작용하면서 주인공의 재산은 나날이 늘어간다. 하지만 이는 현실에서는 도저히 불가능한 이야기다. 현명한 사람은 갑자기 큰 부자가 되게 해주겠다는 계획 뒤에 도사린 위험에 대해 잘 알고 있기에, 그런 제안에 결코 넘어가지 않는다."

칼라밥은 다섯 가지 황금의 법칙을 다 설명한 뒤 이렇게 덧붙여 말했다.

"한 번도 원금을 잃은 적 없고, 수익성 없는 사업에는 결코 투자하지 않았던 니네베의 부자들을 잊어서는 안 되네.

여기까지가 다섯 가지 황금의 법칙에 대해 내가 전해주려던 이야기일세. 이 법칙에 대해 설명한 것은 나 자신의 성공 비밀에 대해 알려준 것이나 마찬가지네.

하지만 이 법칙은 비밀이 아니라 진리라는 걸 명심하게. 들개처럼 매일매일 먹을 것을 걱정해야 하는 군중들 틈에서 벗어나 부자가 되고 싶은 사람이라면 누구든 이 진리를 먼저 배우고 따라야 하지.

내일 우리는 바빌론에 도착하네. 자, 한번 보게! 신전 위에 영원토록 타오르고 있는 저 불꽃을 말이야! 바로 우리 눈앞에 황금 도시가 있어. 내일이면 자네들이 그동안 땀 흘리며 고생한 대가로 품삯을 받을 걸세.

지금으로부터 10년 뒤에 자네들은 그 황금으로 무엇을 했다고 이야기할 수 있겠나?

만일 자네들 가운데 노마시르 같은 자가 있다면 미래를 위해 황금의 일부를 저축해두고 아카드가 전해준 지혜에 따라 살아가겠지. 그러면 10년 후, 아카드의 아들처럼 분명 부자가 돼 있을 것이고, 주변 사람들으로부터도 존경받는 사람이 될 걸세.

지혜로운 행동은 사는 동안 우리 자신을 기쁘게 만들어주고 삶을 잘 이끌어나가도록 돕는다네. 하지만 어리석은 행동은 우리 자신을 괴롭히고 고통을 안겨주지. 이런 행동은 우리 인생에서 잊히지 않아. 우리가 반드시 했어야만 했던 일들, 혹은 우리에게 찾아왔지만 우리가 알아채지 못했던 기회들이 고통스럽게 우리의 기억에 남게 된다네.

바빌론은 재물이 넘쳐나는 풍요로운 곳이야. 이곳의 엄청난 부자들은 자기 재산을 다 헤아릴 수도 없을 정도지. 바빌론은 매년 더욱더 부유하고 풍요로워지고 있어. 노력한 만큼의 보상이 따르는 곳이 바로 바빌론이라네. 뚜렷한 목표를 갖고 열심히 일하면 충분한 보상을 받을 수 있는 곳이지.

자네들의 간절한 열망은 마법과도 같은 힘을 지니고 있네. 다섯 가지 황금의 법칙을 꼭 기억하고 그 힘을 활용해서 바빌론의 보물을 차지할 수 있는 사람들이 되게나."

6장.
바빌론의 대금업자

금화 50개라니! 바빌론에서 창을 만들던 로단은 지갑에 그렇게 많은 금화를 넣어본 적이 없었다. 그는 너그러운 폐하의 궁전에서 나와 행복한 표정으로 성큼성큼 시내로 향했다. 그가 걸을 때마다 벨트에 달린 지갑에서 금화가 찰랑거리며 부딪혔다. 이 소리는 그가 지금껏 들어본 것 중 가장 기분 좋은 소리였다.

금화 50개가 전부 그의 것이었다! 로단은 이 행운이 실감 나지 않았다. 찰랑거리는 금화로 무엇이든 할 수 있었다! 커다란 집, 땅, 소, 낙타, 말, 마차……. 그가 원하는 것이면 무엇이든 살 수 있었다.

이 돈으로 무얼 해야 할까? 그날 저녁 여동생 집으로 향하는 길 내내 로단은 수중에 들어온 반짝이고 묵직한 금화만 생각했다.

며칠 후 어느 저녁, 로단은 마톤의 가게에 찾아갔다. 마톤은 대금업자이자 희귀한 옷감과 보석을 파는 상인이었다. 로단은 가게에 진열된 화려한 장식품에는 눈길도 보내지 않고, 곧장 가게 안쪽 방으로 들어갔다. 마톤은 마침 융단에 앉아 흑인 노예가 차려준 식사를 하고 있었다.

"선생님께 조언을 구하고 싶습니다. 제가 도무지 어떻게 해야 할지 모르는 일이 있어서요."

로단은 당혹스러운 표정으로 마톤 앞에 한 발짝 정도 떨어져 섰다. 그가 입고 있는 재킷 앞이 벌어져 털이 가득한 가슴이 드러났다.

길쭉하고 누르스름한 얼굴의 마톤은 다정한 미소로 답했다.

"자네가 대체 무슨 일로 대금업자를 찾아온 것인가? 도박에서 돈을 왕창 잃었나? 아니면 통통한 여인네와 얽힌 무슨 문제라도 있는 건가? 내가 자네를 오랫동안 봐왔지만, 단한 번도 내게 그런 도움을 구하러 온 적이 없지 않은가."

"아니요, 절대로 그런 문제 때문이 아닙니다. 선생님께 금화를 빌리려고 온 게 아닙니다. 그게 아니라 선생님의 현명한 조언이 듣고 싶어 왔습니다."

"아니! 자네 대체 무슨 말을 하는 건가? 대금업자를 찾아와서 조언을 구하는 사람은 아무도 없다네. 자네 설마 나를 놀리는 건가?"

"아닙니다. 제가 드린 말씀 그대로입니다."

"정말 그렇다고? 로단, 자네가 조언이 필요해서 나를 찾아왔다니 참 이상하구먼. 대부분은 자신의 실수로 돈을 잃어서 금화를 빌리려고 나를 찾아오니까 말이야. 하지만 어찌 보면 곤경에 빠진 사람들에게 금화를 빌려주는 나보다 더 적절한 조언을 해줄 사람도 없겠군."

마톤은 계속해서 말했다.

"로단, 나와 함께 식사하세. 오늘 저녁 자네는 내 손님일세. 안돌!"

그는 흑인 노예를 불렀다.

"로단의 식사를 준비해주게. 그는 오늘 나의 귀한 손님이니까. 푸짐하게 음식을 대접하고, 가장 멋진 잔도 가져다주게. 로단이 좋아할 만한 포도주도 한 병 골라 오게나."

마톤은 안돌에게 지시를 내리고는 로단에게 물었다.

"자, 그럼 이제 자네를 괴롭히는 문제가 무엇인지 말해 보게."

"왕께서 주신 선물이 바로 제 문제입니다."

"왕의 선물이라고? 왕께서 자네에게 선물을 주셨는데, 그게 자네에게는 문제란 말이지? 대체 어떤 선물이기에 그런 건가?"

"제가 친위대가 사용할 창을 새로 만들어 왕께 드렸는데 왕께서 무척이나 마음에 들어 하셨습니다. 그래서 금화를 50개나 선물로 주시지 않았겠습니까. 갑자기 받은 그 선물에 너무 당황스럽기만 합니다.

게다가 이 이야기를 들은 사람들이 여기저기서 제게 찾아와 금화를 나누어달라고 청하고 있습니다."

"당연한 일이지. 누구든 자기가 가진 것보다 더 많은 돈을 원하고, 누군가 쉽게 돈을 얻었다는 소문이 돌면 그에게서 돈을 뜯어내려고 하는 것이 바로 인간이야. 하지만 자네는 이들의 요청을 쉽게 거절할 수가 없겠지? 어때? 자네의 의지는 힘센 주먹만큼이나 강한가?"

"이미 많은 요청을 거절하긴 했습니다만, 거절하기 어려운 경우도 있었습니다. 정말로 아끼는 여동생의 부탁을 거절할 사람이 과연 몇이나 되겠습니까?"

"이상하군. 내가 알기로, 자네 여동생은 자네가 받은 보상을 빼앗아 갈 만한 사람이 아닌데?"

"맞습니다. 하지만 제 동생의 남편 아라만 때문에 그런 거지요. 동생은 자기 남편이 돈 많은 사업가가 되기를 바라고 있습니다. 그동안 남편에게 기회가 찾아오지 않아서 그랬던 것이니, 제발 그 돈을 빌려달라며 제게 간청하고 있습니다. 그렇게만 해준다면 매제가 사업으로 돈을 많이 벌어 이자까지 붙여 갚을 거라면서요."

듣고 있던 마톤이 다시 이야기를 시작했다.

"정말 제대로 따져보아야 할 문제로군. 황금은 그것을 소유한 자에게 책임감을 갖게 하지. 동시에 주변 사람들의 태도를 바꾸기도 해. 황금을 소유한 자는 그것을 잃게 되거나, 속임수에 넘어가지 않을까 하는 두려움에 사로잡히지. 때로는 황금을 가지고 아주 좋은 의도로 한 행동이 오히려 어려운 상황을 만들기도 한다네. 물론 황금을 갖고 있으면 좋은 일을 해낼 수 있을 것 같은 자신감이 생겨나기도 하지.

자네, 니네베의 농부 이야기를 들어본 적 있나? 동물의 말을 알아들을 수 있었다는 농부 말일세. 대장간에서 창을 만드는 남자들이 좋아할 법한 이야기는 아니지만……. 그 이야기를 자네에게 해주도록 하지. 돈을 빌려주고 돌려받는 일은 보통 생각하는 것처럼 그리 간단한 일이 아니라네. 이 사실을 자네가 반드시 알고 있어야 해.

이 농부는 매일 저녁 동물들이 나누는 이야기를 들으려고 농장을 서성거렸어. 어느 날 저녁 황소 한 마리가 나귀에게 이야기하는 소리가 들렸어. 자기가 맡은 일에 대한 불만을 털어놓고 있었지.

'나는 아침부터 밤이 될 때까지 내내 쟁기를 끌어야 하는 신세야. 해가 쨍쨍해서 몹시 더운 대낮에도, 오래 일해서 다리가 너무 아플 때도, 멍에에 쓸려 살갗이 벗겨진다 해도 나는 일을 멈출 수가 없다고. 하지만 나귀 너는 늘 쉬고 있는 것 같구나. 화려한 담요로 치장한 너는 주인을 원하는 곳으로 데려다주는 일 말고는 하는 게 없지 않니. 주인이 아무 데도 가지 않는 날엔 종일 쉬면서 새파란 풀을 뜯어 먹기만 하잖아.'

사나운 발뒤꿈치를 갖고 있긴 해도, 나귀는 워낙 심성이 착한 동물이었기에 황소의 이야기에 공감해주었지. 나귀가 말했어.

'황소야, 너는 정말 열심히 일하고 있구나. 네 일을 조금이라도 덜어주고 싶어. 어떻게 하면 네가 하루 정도 쉴 수 있는지 알려줄게. 자, 아침에 노예가 와서 너를 데려가 쟁기를 메려고 하면, 땅바닥에 누워 끙끙대면서 큰 소리로 신음하는 소리를 내도록 해. 그렇게 하면 노예는 농부에게 네가 아파서 일을 할 수 없다고 말할 거야.'

다음 날이 되자 황소는 나귀가 말한 대로 끙끙대며 앓는 소리를 냈고, 노예는 농부에게 가서 황소가 아파 쟁기를 끌 수가 없다고 말했지.

그러자 농부가 말했어.

'그렇다 해도 오늘 밭일은 해야 하지 않겠나. 저기 있는 나귀라도 데리고 나가도록 하게.'

친구를 도와주려고 했던 나귀는 그날 종일 황소 대신 일을 하게 되었지. 밤이 되어서야 종일 메고 있던 쟁기에서 풀려난 나귀는 가슴이 터질 것 같았어. 다리 힘도 풀려버리고, 멍에에 긁힌 목은 살갗이 벗겨져서 따끔거렸지.

그날 밤에도 농부는 이야기를 더 들어보려고 헛간에서 계속 서성였어.

황소가 먼저 말했어.

'나귀야, 너는 정말 좋은 친구야. 네 덕에 오늘 하루 편히 쉴 수 있었어.'

황소의 말에 나귀는 퉁명스레 답했지.

'그런데, 난 말이야. 너를 도와주려고 그랬던 건데, 결국 내가 종일 네 일을 대신 해야 했지 뭐야. 내일부터는 네가 밭 갈이를 나가도록 해. 주인이 노예에게 말하길, 네가 또 아프면 고깃간에 보내라고 하더군. 너는 게으른 황소니까, 주인이 정말 그렇게 할 수도 있잖아.'

그 후 황소와 나귀는 더 이상 서로 쳐다보지도 않는 사이가 되었어. 그렇게 이들의 우정이 깨지고 말았지.

자, 로단. 자네는 이 이야기에서 어떤 교훈을 얻을 수 있겠나?"

로단이 대답했다.

"좋은 이야기입니다만…… 그게 무슨 뜻인지는 잘 모르겠습니다."

"어려운 이야기가 아닐세. 오히려 아주 간단하지. '진정으로 친구를 도와주고 싶다면, 친구의 짐까지 대신 짊어지지는 마라.' 바로 이런 뜻이라네."

"아, 그렇게는 생각해보지 못했네요. 이제 그 이야기가 무슨 뜻인지 알겠습니다. 매제의 짐까지 제가 대신 짊어질 필요가 없다는 뜻이겠군요. 하지만 선생님께서는 많은 이들에게 돈을 빌려주지 않으십니까. 돈을 빌려 간 사람들이 제대로 갚고 있습니까?"

마톤은 연륜이 느껴지는 여유로운 표정으로 웃음을 지으며 말했다.

"돈을 빌려 간 사람들이 그 돈을 제대로 갚지 않는다면 내가 어떻게 이 일을 할 수 있겠나? 대금업자는 현명하게 판단할 줄 알아야 하네. 돈을 빌려 간 사람에게 그 돈이 유익하게 쓰일 수 있는지, 그리고 그가 돈을 제대로 갚을 수 있는지 등을 신중하게 살펴야 해. 빌려준 돈을 현명하게 쓰지 못하거나, 갚지 못하거나, 빚더미에 앉게 되거나 할 수도 있으니 말이야. 내 돈을 빌려 간 사람들이 맡겨놓은 담보물을 자네에게 보여주도록 하지. 이 담보물들에는 그들의 이야기가 담겨 있다네."

마톤은 방에서 팔 길이만큼 되는 커다란 상자를 들고 나왔다. 그 상자는 붉은색 돼지가죽으로 덮여 있었고, 청동으로 만든 장식이 달려 있었다. 마톤은 상자를 바닥에 내려놓더니 그 앞에 쪼그리고 앉아 덮개 위에 두 손을 올려놓으며 말했다.

"돈을 빌려줄 때마다 나는 반드시 그들에게서 담보물을 하나씩 받아두었네. 그들이 돈을 갚을 때까지 이 상자에 담보물을 넣어두었지. 내가 준 돈을 전부 갚으면 돌려주었지만, 돈을 갚지 않은 경우에는 이 담보물이 남아 있어서 내게 신용을 지키지 않았던 사람들이 누구였는지 생각나게 해준다네.

이 상자를 보면 알 수 있겠지만, 가장 안전하게 돈을 빌려주는 방법은 내가 빌려주는 돈보다 더 값어치 있는 물건을 담보로 잡는 것이라네. 땅이나 보석, 낙타, 아니면 빌린 돈보다 더 값비싼 물건들을 갖고 있는 사람들이 내게 돈을 빌려 가지. 빌려 간 돈보다 더 값비싼 보석을 맡기고 간 경우도 있고, 빌린 돈을 갚지 못할 경우 부동산 권리를 내게 넘기기로 약정하기도 한다네. 이렇게 담보물을 확실히 해두면 원금과 이자까지 확실히 보장받을 수 있지. 재산을 담보로 돈을 빌려주는 것이니까.

한편 돈 버는 능력을 담보로 하는 사람들도 있어. 이들은 자네처럼 직업을 갖고 일을 하면서 보수를 받는 사람들이야.

이들에게는 일정한 수입이 있기 때문에, 갑작스러운 불행이 닥치지만 않는다면 빌려 간 돈에 이자를 더해 돈을 갚을 수 있지. 이런 경우는 인간의 노력을 감안해서 돈을 빌려주는 거라네.

한편 재산도 없고, 돈 벌 능력도 없는 사람들도 있지. 인생이란 참 고달픈 법이니까. 이런 식으로 삶에 적응하지 못하는 사람들 또한 늘 있게 마련이야. 이들에게는 다음과 같은 방식으로 돈을 빌려주었네. 그 사람을 신용하는 친구들에게 보증을 받는 방법이야. 비록 적은 돈이라 하더라도 이런 방식으로 돈을 빌려주었지."

마톤은 상자의 걸쇠를 풀고 덮개를 열었다. 로단은 가까이 다가가 상자 안을 살펴보았다.

상자의 가장 위쪽에는 주홍빛 천 위에 놓인 청동 목걸이 하나가 있었다. 마톤은 그것을 집어 들더니 가볍게 만지작거렸다.

"이 목걸이의 주인은 이미 세상을 떠났기 때문에 그가 담보로 남긴 이 목걸이는 내가 소중히 간직할 거야. 내 좋은 친구였던 그에 대한 기억 또한 마찬가지이고. 우리는 함께 장사를 하며 많은 돈을 벌었지. 그가 갑자기 동쪽에서 온 여자와 결혼하겠다고 하기 전까지는 말이야. 그녀는 너무나 아름다웠지만 이 지역 사람들과는 확연히 달라 보였어. 내 친구는 그녀를 위해서라면 아낌없이 돈을 썼지. 그녀의 열망을 채워주기 위해 결국 가진 돈을 모두 써버렸고, 돈이 바닥나자 나를 찾아와 도움을 청했지. 나는 그에게 그 여자와의 관계를 정리하면 그를 도와주겠다고 이야기했어. 친구는 그러겠다며 내게 맹세했다네. 하지만 결국 일이 그렇게 되지 않았지. 그 여자와 말다툼을 하던 친구는 그녀가 휘두른 칼에 찔려 죽고 말았다네."

로단이 물었다.

"그럼 이 목걸이는 그 여자의 것인가요?"

마톤은 주홍빛 천을 집어 들며 말했다.

"물론 그렇지. 그녀가 차던 목걸이야. 이후 그녀는 회한에 잠긴 나머지 결국 유프라테스강에 스스로 몸을 던지고 말았어. 이 목걸이와 천은 절대 돌려줄 수가 없게 되었다네. 로단, 바로 이 이야기가 보여주듯 감정의 소용돌이에 빠져 있는 사람에게 돈을 빌려주는 것은 안전한 일이 아니라네."

마톤은 이어서 황소의 뼈를 조각해 만든 반지 하나를 집어 들며 말했다.

"이걸 좀 보게나. 이번에는 좀 다른 이야기일세. 이건 어느 농부의 물건이라네. 나는 그 농부의 아내로부터 융단을 구입하지. 언젠가 그 농부의 밭이 메뚜기떼의 공격으로 쑥대밭이 된 적이 있었네. 작물 하나 건질 수 없는 지경이 되고 말았어. 그때 내가 그 농부를 도와주었더니, 그가 농작물을 새로 심어 내게 갚았지. 농부가 나중에 나를 다시 찾아와서 아주 귀한 염소 이야기를 해주었어. 어느 여행자에게 들었다면서 말이지. 그 염소의 털은 아주 길고 부드러워서 그 염소만 있다면 바빌론에서 최고로 아름다운 융단을 만들 수 있다고 했어. 그는 염소를 떼로 사 오고 싶었지만 가진 돈이 없었지. 그래서 내가 돈을 빌려줬고, 그가 염소떼를 사서 몰고 올 수 있었다네. 그는 지금 염소떼를 아주 건강하게 기르고 있어. 그 덕에 내년쯤이면 깜짝 놀랄 일이 벌어질 걸세. 바빌론의 부자들이 지금껏 본 적 없는 멋진 융단을 사려고 모두 달려들 거야. 나는 머지않아 그의 반지를 돌려주게 되겠지. 그가 융단으로 돈을 버는 즉시 내게 돈을 갚겠다고 했거든."

그 이야기에 로단이 물었다.

"그런 방식으로 돈을 빌려 가는 사람들도 있군요?

"돈을 벌 수 있는 뚜렷한 일을 목표로 둔 사람이라면, 그렇게 빌려주기도 하지. 하지만 경솔한 행동 때문에 돈을 빌려야 하는 상황에 놓인 사람에게라면, 빌려준 돈을 다시 돌려받을 수 있을지 재차 확인해야 한다네."

그때 로단이 독특한 모양의 보석이 박힌 무거운 금팔찌를 집어 들며 물었다.

"이건 뭔가요?"

마톤이 웃으며 이야기했다.

"자네는 여성들의 물건에 관심이 많구먼."

"그야 제가 선생님보다 훨씬 젊은 남자니까요."

"물론 그렇지. 하지만 자네 생각처럼 그리 낭만적인 이야기는 아니라네. 이 물건의 주인은 뚱뚱하고 주름 많은 여인네지. 게다가 항상 말은 많은데 정작 그 속에 중요한 이야기는 없어서 참 성가신 인물이야. 한때는 집안이 넉넉해서 내게 돈을 빌려 가서도 잘 갚았지만, 어려운 시기가 찾아왔지. 그녀에게는 아들이 하나 있었는데 그 아들을 장사꾼으로 만들려고 했어. 그래서 나를 찾아와 돈을 빌려 갔지. 그녀의 아들은 내게 빌린 돈으로 물건을 샀고, 그 물건을 낙타에 싣고 나갔어. 도시와 도시를 오가는 대상과 동업을 하게 된 거지.

그런데 그 대상이 파렴치한 악당이었어. 그녀의 아들이

잠든 사이에 무엇 하나 남기지 않고 모든 물건을 챙겨 달아나 버렸던 거야. 아는 사람 하나 없는 머나먼 곳에 그 아들 혼자 빈털터리로 남겨진 거지. 물론 그 여인네 말로는 아들이 좀 더 크면 내 돈을 갚을 거라고 하는데, 그 말을 어찌 믿겠나? 하지만 이 금팔찌가 빌려준 돈만큼의 가치가 있긴 하지."

"그럼 그 여인이 선생님께 조언을 구했나요?"

"전혀 아니었지. 그녀는 자기 아들이 바빌론에서 영향력 있는 부자가 될 거라는 생각을 하고 있더군. 내가 충고의 말을 꺼내려고만 하면 오히려 더 화를 내더라고. 이런 사람에게 무슨 조언을 해주겠나? 그 아들이 아직 세상을 경험해보지 못해 위험을 마주하게 될 것이 뻔했지만, 그 여인네가 확실한 담보물을 맡겼기 때문에 그 제안을 거절할 이유가 없었지."

마톤은 나무상자에서 매듭 꾸러미를 꺼내 흔들어 보이면서 계속해서 말했다.

"이건 말일세, 낙타상인인 네바투르의 것이야. 그가 낙타를 사야 하는데 돈이 부족하다며 나를 찾아왔지. 그가 내게 이 매듭을 맡겼고 나는 그에게 필요한 만큼 돈을 빌려줬어. 네바투르는 현명한 장사꾼이거든. 그의 판단력을 믿기 때문에 그에게는 얼마든지 돈을 빌려줄 수 있다네. 바빌론에는 그 말고도 내가 믿을 만한 훌륭한 장사꾼들이 많이 있어. 이들의 담보물들은 내 나무상자에 수시로 들어왔다 나갔다 하지. 훌륭한 장사꾼들은 이 도시의 자산이나 마찬가지야. 이들을 돕는 일은 바빌론의 번영을 위한 것이지. 그뿐 아니라 나 역시 수익을 남길 수 있다네."

마톤은 또 터키옥을 조각해 만든 딱정벌레를 꺼내 바닥에 굴리며 말했다.

"이건 이집트에서 온 것일세. 이 딱정벌레 조각의 주인이던 젊은이에게 돈을 돌려받을 생각은 이제 하지 않는다네. 내가 돈을 갚으라고 할 때마다 그 사내는 '제게 불운만 따라다니는데 어떻게 돈을 갚겠습니까? 저보다 돈도 많으신 분이 꼭 그러셔야 합니까?'라며 오히려 화를 내더군. 그런 사람에게 내가 뭘 더 할 수 있겠나? 이 담보물도 그 사내의 아버지 것이라네. 어느 정도 재산을 갖고 있던 사람이었는데, 아들의 사업을 돕겠다며 자기 땅과 가축을 모두 담보로 내주었지. 그 사내도 처음에는 사업이 잘 풀렸어. 그러다 점점 욕심이 과해지더니 결국 망하고 말았지. 사업 경험이 부족했던 탓이었다네. 젊은이들은 야망으로 가득하지만, 부자가 되고 싶다는 생각에 급급해 손쉬운 방법만 찾으려고 하지. 빠른 시간 안에 자금을 마련하기 위해 무분별하게 돈을 빌리곤 해.

젊은이들은 경험이 부족해서 무턱대고 빚을 진 다음 한 순간에 절망의 나락으로 떨어지기도 하지. 이 나락은 아무리 몸부림쳐도 빠져나갈 수 없는 깊은 구덩이 같은 것일세. 이곳에서는 햇빛도 구름에 가려 있고, 밤에 잠도 이룰 수 없지. 불행이 가득한 슬픔과 후회의 나락이라네. 하지만 그렇다고 해서 젊을 때 사업을 해서는 안 된다는 말은 아닐세. 나는 오히려 젊은이들에게 사업을 권하는 사람이지. 분명한 목표를 갖고 있기만 하다면 말이야. 나 자신도 자금을 빌려 사업을 했고, 그렇게 장사꾼으로 처음 성공을 맛본 사람이니까.

그럼 이런 경우에 대금업자는 어떻게 해야 할까? 젊은이들이 절망에 빠져 아무 일도 하지 못할 때 말이야. 이들은 낙심한 채로 돈을 갚으려는 노력조차 하지 않지. 그렇다고 그 아버지의 땅과 가축을 빼앗고 싶지는 않아."

이때 로단이 마톤에게 단도직입적으로 물었다.

"제가 알아둘 만한 이야기를 많이 해주시네요. 그런데 아직 제가 드린 질문에 대한 답은 듣질 못했어요. 제가 누이동생 남편에게 금화 50개를 빌려줘야 할까요? 제게는 중요한 돈이랍니다."

"자네 여동생은 참으로 믿음직스럽지. 하지만 그녀의 남편이 내게 찾아와서 금화를 빌려달라고 한다면, 나는 그에게 그 돈을 어떤 목적으로 사용할 것인지 물어볼 걸세.

만일 그가 나처럼 장사꾼이 되어 보석이나 최고급 가구 거래를 하고 싶다고 대답한다면, 거래 방식에 대해 알고 있는 바가 있는지 물을 거야. 어디서 가장 저렴한 가격으로 물건을 살 수 있는지, 어디서 판매하는 것이 가장 좋은지 아냐고 물어봐야지. 과연 그가 이런 질문에 모두 제대로 답할 수 있을까?"

로단이 말했다.

"아니요, 그렇지 않을 겁니다. 매제의 경험이라곤 제가 창을 만들고 가게를 운영할 때 곁에서 조금씩 도와준 게 다니까요."

"그렇다면 자네 매제의 목표가 분명한 것은 아니라고 말할 수 있겠군. 장사꾼이라면 장사하는 법을 알고 있어야지. 그의 야망이 아무리 크다 한들 실제로 장사를 해본 적이 없으니 나라면 그에게 돈을 빌려주지 않을 걸세."

"하지만 매제라면 이렇게 말할 텐데요. '저는 장사 일을 많이 도왔습니다. 스미르나까지 가는 길도 알고 있고, 여인네들이 짠 융단을 저렴하게 살 줄도 압니다. 제가 아는 바빌론의 부자들도 아주 많지요. 그들에게 물건을 팔면서 큰 이익을 남길 수 있어요.'"

"그렇다면 나는 이렇게 말하겠지. '자네는 분명한 목표를 가지고 있고, 큰 야망을 지니고 있구먼. 만일 자네가 빌려 간 돈을 갚을 수 있다는 담보물을 내게 맡길 수 있다면, 기꺼이 자네에게 금화 50개를 빌려주도록 하지.'"

"하지만 그러면 매제가 이렇게 말하겠네요. '제가 정직한 사람이라는 사실은 분명하나, 그것 외에 선생님께 맡길 담보물은 없는걸요.'"

"그럼 나는 이렇게 답할 거야. '나는 금화를 아주 소중히 여기는 사람이네. 만일 자네가 스미르나로 향할 때 강도에게 금화를 빼앗기거나, 바빌론으로 돌아올 때 융단을 빼앗긴다면 내게 돈을 갚을 방법이 없지 않겠는가. 그럼 내 돈은 영원히 사라지고 말 텐데.'

로단, 잘 들어보게. 대금업자에게 있어서 금은 상품이나 마찬가지일세. 빌려주는 건 쉬운 일이야. 하지만 현명하게 판단하지 않으면 그 돈을 돌려받기가 쉽지 않지. 현명한 대금업자는 사업 자체의 위험성이 아니라, 그 돈을 안전하게 돌려받을 수 있는지를 파악해야 한다네."

마톤이 계속해서 이야기했다.

"어려운 상황에 있는 사람들을 돕는 것, 힘든 운명을 마주한 사람을 돕는 것은 좋은 일이지. 아직 준비 중이지만 곧 바빌론의 중요한 시민이 될 수 있는, 발전 가능성이 있는 사람을 돕는 것은 훌륭한 일이야. 하지만 이렇게 그들을 돕는 일을 하려면 현명한 판단력이 필요하네. 적어도 앞서 말한 농부의 나귀 이야기에서처럼, 남을 돕고 싶은 마음에 도우려 했다가 그 사람의 짐까지 대신 지게 되는 일은 없어야 하지.

자네의 질문에서 또다시 벗어난 것 같군, 로단. 그 질문에 대한 내 답은 이렇네. 금화 50개를 남에게 주지 말고 자네가 갖도록 하게. 자네가 일해서 번 돈은 오로지 자네만을 위한 보상이네. 자네가 원해서 그러는 것이 아니라면 그 누구도 자네의 돈을 가져가도록 할 수 없지. 만일 자네가 그 돈을 빌려줌으로써 더 많은 돈을 벌 수 있다면 신중하게 여러 곳에 투자하도록 하게. 위험한 곳에 투자하는 것도 어리석은 일이지만, 전혀 투자하지 않는 경우도 마찬가지로 어리석은 일이라네. 그런데 자네는 몇 년 동안 창을 만들었나?"

"꼬박 3년을 일했습니다."

"왕의 선물을 제외하고, 그동안 모은 돈이 얼마나 되지?"

"금화 3개를 모았습니다."

"그렇다면 좋은 물건을 사고 싶은 마음도 아껴가면서 매년 금화 1개씩을 모은 셈이겠군."

"맞습니다."

"그럼 자네가 50년 동안 아끼고 절약해야만 금화 50개를 모을 수 있겠지?"

"아마 평생을 일해야 하겠지요."

"자네 누이동생이 말일세. 자네가 50년이나 일해야 벌 수 있는 돈을 남편의 망할지도 모르는 사업 자금으로 빌려달라고 고집할 정도로 무모한 사람이던가?"

"그렇지는 않습니다."

"그렇다면 당장 누이에게 가서 이렇게 말하게. '지난 3년 동안 나는 매일매일을 아침부터 늦은 밤까지 열심히 일했어. 그리고 내가 원하는 많은 것들을 누리지도 못하면서 절약하며 살았지. 그렇게 해서 매해 겨우 금화 하나씩을 모은 거야. 너는 내가 사랑하는 동생이니, 네 남편이 크게 번창할 수 있는 사업을 했으면 좋겠구나. 네 남편이 내 친구 마톤을 설득할 만한 사업계획을 세워 온다면, 내가 평생을 모은 돈까지 빌려주도록 할게. 네 남편이 성공할 기회를 가질 수 있도록 내가 돕겠어'라고 말이야. 자네의 매제가 성공할 가능성이 있는 사람이라면 분명 자네의 돈을 갚을 수 있을 거야. 만일 그가 사업에서 실패한다고 해도, 자네에게 갚지 못할 만큼의 돈을 빚지지는 않을 걸세.

나는 내 사업을 꾸려가는 데 필요한 것보다 더 많은 돈을 갖고 있기 때문에 대금업자가 되었네. 그 여유자금을 다른 사람에게 빌려주고 이들도 더 많은 돈을 벌기를 간절히 바란다네. 나는 스스로 돈을 벌기 위해 많은 노력을 기울였고 욕망을 다스리며 아꼈다네. 그렇게 모아온 돈이기 때문에 절대로 내 돈을 잃고 싶지 않아. 그래서 나는 앞으로도 안전하지 않은 곳이나, 돈을 갚을 거라는 확신이 들지 않는 경우에는 결코 내 돈을 빌려주지 않을 걸세. 마찬가지로 이자가 확실히 보장되지 않는 사람에게도 절대 빌려주지 않을 거야.

로단, 나는 자네에게 이 나무상자에 담긴 몇 가지 비밀에 대해 이야기해주었네. 이 이야기들을 통해 자네는 인간의 나약함에 대해 알 수 있었을 거야. 인간은 갚을 수 있는 방법이 없는데도 돈을 빌리고 싶어 하는 마음이 굉장히 큰 존재라네. 지금은 가진 돈이 없지만, 돈을 빌리기만 하면 그걸로 큰돈을 벌 수 있을 거라 생각하는 사람들이 있지. 하지만 이들에게는 그럴 능력도, 경험도 없기 때문에 단번에 큰돈을 벌기란 불가 능해.

하지만 로단, 지금 자네에게는 더 많은 수익을 낼 수 있는 금이 있네. 자네는 그 돈으로 나와 같은 대금업자가 될 수 있 어. 만일 자네가 그 돈을 안전하게 투자한다면, 그 돈으로 얼 마든지 수익을 창출해낼 수가 있네. 그렇게 한다면 바로 그 돈이 자네에게 평생 기쁨과 수익을 가져다주는 원천이 되어 주겠지. 하지만 자네가 그 돈을 다른 이에게 준다면, 자네는 살아 있는 동안 끊임없이 자네를 괴롭히는 슬픔과 후회만을 떠안게 된다네. 자, 이제 자네는 어떻게 할 건가? 자네의 지갑 에 있는 이 금화로 가장 하고 싶은 일이 무엇인가?"

"이 금화를 안전하게 지키고 싶습니다."

마톤이 만족스러운 표정을 지으며 답했다.

"현명한 대답이군. 자네가 바라는 첫 번째가 안전함이군. 생각해보게. 자네의 매제에게 이 금화를 빌려준다면, 그 돈을 안전하게 회수할 수 있겠는가?"

"그렇지 않을 것 같습니다. 매제가 현명하게 돈을 관리할 수 없을 테니까요."

"그렇다면 자네의 보물과도 같은 돈을 어리석은 의무감 때문에 다른 이에게 빌려주지 말게. 만일 자네가 가족이나 친구들을 도와주고 싶다면, 다른 방법을 찾도록 하게. 자네의 보물을 잃을지도 모르는 위험을 감수하지 말게나. 돈을 안전하게 관리하지 못하는 사람에게서는 예상할 수 없는 방식으로 돈이 빠져나가곤 하니까 말이야. 그런 사람에게 자네 돈을 맡기느니, 차라리 자네가 흥청망청 그 돈을 써버리는 편이 낫지 않겠나.

안전하게 지키는 것 다음으로, 하고 싶은 일은?"

"그 돈으로 수익을 내는 것입니다."

"이번에도 지혜로운 생각을 했네. 돈으로 수익을 얻어 더 많은 돈이 생기도록 해야 해. 자네가 현명하게 판단해 돈을 빌려준다면, 자네가 지긋하게 나이 들기도 전에 그로 얻는 수익이 두 배나 될 수도 있어. 하지만 자네가 어렵게 번 돈이 자칫하면 하루아침에 사라질 수도 있다는 사실을 명심해야 해.

그러니 허황된 계획을 가지고 금화를 엄청나게 불려주겠다며 자네를 설득하려는 사람들의 꼬임에 넘어가서는 안 되네. 이런 계획을 만들어내는 사람들은 안전하고 믿을 수 있는 거래를 해본 적 없는 공상가들에 불과하니 말이야. 자네의 금화로 수익을 얻고 그 돈을 지키기 위해서는 반드시 보수적으로 생각해야 하네. 고리로 수익을 얻어주겠다고 하는 사람과 약속하는 일은 큰 손해를 자초하는 일일세.

이미 성공적으로 사업을 해본 사람들을 찾도록 하게. 자네의 돈이 그들의 능숙한 관리하에 자유롭게 수익을 내도록 하고, 그들의 지혜와 경험을 통해 안전하게 지켜질 수 있도록 해야 해. 이를 통해 자네가 투자처를 오판한 자들 대부분이 겪는 불행을 피해 갈 수 있기를 바라겠네."

로단이 마톤의 지혜로운 조언에 감사를 표하자, 마톤은 당부하듯 이렇게 말했다.

"내가 아니라 왕의 선물이 자네에게 많은 지혜를 전해준 것일세. 자네가 금화 50개를 잘 지켜내려면 정말로 신중해야만 한다네. 여기저기서 자네에게 유혹의 손길을 뻗칠 거야. 자네에게 조언하려 드는 사람도 많겠지. 엄청난 수익을 만들어낼 거라는 제안도 수없이 많을 거고. 내 나무상자 이야기는 자네의 돈이 자네 주머니를 떠나기 전에 반드시 떠올려야 하는 조언이 되어줄 걸세. 돈을 꺼내어 쓸 때마다 그것이 안전한 일인지 꼭 다시 확인해야 한다네. 내 조언이 필요한 일이 또 생기면 언제든 찾아오게나. 기꺼이 자네를 돕도록 하지.

내가 나무상자 덮개 아래에 새겨둔 문장을 읽어보겠나? 대금업자나 돈을 빌리려는 사람 모두가 반드시 알아두어야 할 교훈이라네."

마톤의 나무상자 덮개 아래에는 이런 문장이 새겨져 있었다.

뒤늦게 후회하지 말고, 처음부터 신중하라!

7장.
바빌론의 성벽

단호한 표정의 노병 반자르는 바빌론의 옛 성벽 꼭대기로 이어지는 통로에서 경비를 서고 있었다. 용감한 수비군이 성벽을 지키기 위해 그 길 위에서 적과 싸우는 중이었다. 그 성벽 하나에 수십만 명이 사는 거대한 도시, 바빌론의 미래가 달려 있었다.

성벽 너머로 침략군의 함성과 수많은 이들의 고함이 들렸다. 수천 마리쯤 되는 듯한 말발굽 소리와 파성퇴(성문이나 성벽을 두들겨 부수는 데 사용한 나무 기둥같이 생긴 무기_옮긴이)로 성문을 때리는 소리가 귀를 먹먹하게 만들었다.

성문 뒤편으로 난 거리에는 창병들이 일렬로 서 있었다.

성문이 부서질 경우 방어하기 위해 이곳에 서 있던 창병들의 수는 얼마 되지 않았다. 바빌론의 정규군은 왕과 함께 저 멀리 동쪽의 엘람을 정벌하기 위해 도시를 떠나 있었다. 이들이 없는 동안 바빌론이 공격당할 거라는 예측은 전혀 하지 못했다. 이 때문에 도시에 남아 있는 수비군의 수는 많지 않았다. 뜻밖에도 북쪽 아시리아가 침략해오는 바람에 성벽을 방어하지 않으면 바빌론이 멸망할지도 모르는 상황이었다.

반자르 옆에는 수많은 시민이 몰려나와 있었다. 이들은 모두 겁에 질려 창백한 얼굴을 하고는 전쟁 상황을 몹시 궁금해했다. 그 길을 통해 부상자와 사망자가 끝없이 옮겨지는 모습을 숨죽인 채 지켜보았다.

그러다 마침내 최후의 결전이 시작되었다. 사흘 동안 바빌론을 포위해온 아시리아군은 병력을 총결집하더니 성벽과 성문 쪽을 집중적으로 공격했다.

꼭대기를 지키던 수비군은 사다리를 타고 성벽을 기어오르려는 침략군에게 뜨거운 기름을 붓고 화살을 쏘아댔고, 기어 올라온 침략군에게는 창을 던져 격퇴했다. 침략군의 궁수들도 바빌론의 수비군을 향해 엄청난 화살 공격을 감행하며 대항했다.

반자르는 상황을 한눈에 파악할 수 있는 높은 곳에 자리를 잡았다. 치열한 결투가 벌어지는 모습이 가깝게 보였고, 광분한 침략군의 동태를 곧바로 알 수 있었다.

늙숙한 상인 한 명이 반자르에게 가까이 다가왔다. 그의 손은 떨리고 있었다.

"제발 말 좀 해주시오, 말 좀!"

그가 간청했다.

"저놈들이 이 성벽 안으로 들어와서는 안 되오. 내 아들들은 모두 왕을 따라 떠나서, 늙은 내 아내를 지켜줄 사람이 아무도 없단 말이오. 저놈들이 들어오면 내 물건도 모두 훔쳐 가고 식량도 남김없이 가져가겠지. 우리는 너무 늙었단 말이오. 스스로를 지킬 수도 없고, 노예도 지켜줄 수 없는 몸이야. 우린 굶어 죽을 거요. 모두 다 죽고 말겠지. 저놈들을 막을 수 있다고 말 좀 해보시오."

반자르가 대답했다.

"걱정 마십시오, 어르신. 바빌론의 성벽은 튼튼합니다. 그러니 집으로 돌아가서 아내분께 성벽은 절대 안전할 테니 아무 걱정 말라고 말씀하십시오. 우리가 어르신과 어르신의 재산 전부를 왕의 보물처럼 안전하게 지켜드리겠습니다. 그러니 염려 마시고, 화살에 맞지 않도록 성벽에 바짝 붙어 돌아가십시오!"

노인이 자리를 뜨자 이번에는 아기를 품에 안은 여인이 다가왔다.

"성벽 위에서는 아무런 소식도 없나요? 내 불쌍한 남편을 안심시킬 말씀 좀 해주세요. 제 남편은 끔찍한 부상을 입고 고열로 누워 있으면서도, 가족을 지키겠다며 창과 갑옷을 내놓으라고 야단이랍니다. 적들이 침입하면 남편은 복수심에 타올라 이성을 잃고 말 거예요."

"바빌론의 성벽이 당신과 당신의 아기를 지켜줄 것입니다. 바빌론의 성벽은 높고 튼튼하니까요. 용맹한 우리 수비군의 함성을 듣지 못하셨습니까? 이들이 성벽을 오르는 적군에게 기름을 계속 부어서 벌써 기름통을 다 비웠을 정도입니다."

"네, 그들의 함성이 들리긴 하지만, 파성퇴로 성문을 때리는 소리도 계속해서 들려오는걸요."

"남편에게 돌아가십시오. 튼튼한 성문은 파성퇴로 아무리 때려도 절대 부서지지 않을 거라고 말씀해주십시오. 적군이 성벽을 기어오르려고 해도 창병이 그들을 무찌를 것입니다. 성벽에 바짝 붙어서 조심히 돌아가셔야 합니다.”

그때 무거운 갑옷으로 중무장한 수비군이 그 길로 올라왔다. 반자르는 그들에게 길을 내어주기 위해 옆으로 물러났다. 수비군이 쾅쾅거리며 걸어갈 때 청동 방패의 철커덕거리는 소리와 함께 힘찬 발걸음 소리가 들렸다. 바로 그때 어린 소녀가 반자르의 허리띠를 붙잡아 당기며 말했다.

“전사님, 제발 말씀해주세요. 저희는 살 수 있는 건가요?”

소녀는 간청하듯 말했다.

“여기저기서 끔찍한 소리가 들려와요. 남자들이 모두 피 흘리는 모습도 보이고요. 저는 너무 겁이 나요. 저희 엄마와 남동생, 그리고 갓 태어난 아기까지 저희 가족은 모두 어떻게 되는 거죠?”

역전의 용사 반자르는 눈을 깜빡이면서 그 소녀를 안심시키며 말했다.

“두려워하지 말거라, 아이야. 바빌론의 성벽이 너와 어머니와 남동생, 그리고 아기까지 모두 지켜줄 거야. 세미라미스 (아시리아의 전설상의 여왕, 미와 지혜로 유명하며 바빌론의 창건자로 전해짐_옮긴이) 여왕이 너뿐 아니라 우리 모두의 안전을 위해 100년 전 이 성벽을 지으신 거야. 이 성벽은 단 한 번도 무너진 적이 없단다. 그러니 집으로 돌아가서 어머니와 남동생, 그리고 아기에게 말하렴. 바빌론의 성벽이 우리 모두를 지켜줄 테니, 전혀 두려워할 것 없다고."

노병 반자르는 매일 초소에 서서 수비군이 일렬로 통로를 지나가는 모습을 보았다. 부상병뿐만 아니라 죽음이 임박해 보이는 병사조차 그곳에서 잠시 몸을 추스르다가 다시 전장으로 나섰다. 겁에 질린 시민들은 성벽이 무너지지 않고 버틸 수 있는지 알고 싶어서 계속해서 반자르의 주변을 왔다 갔다 했다. 이들 모두에게 반자르는 노병의 위엄이 담긴 말투로 "바빌론의 성벽이 당신을 지켜줄 겁니다"라고 답했다.

3주 하고도 닷새가 지나는 동안 아시리아의 맹렬한 공격은 거의 멈추지 않고 계속되었다. 성벽 뒷길은 수많은 부상자가 흘린 피로 물들었고, 끊임없이 이어지는 시민들의 행렬에 피와 흙이 뒤범벅되었다. 반자르의 표정은 점점 더 어두워졌다. 매일 아침 사망한 침략군의 시신이 성벽 앞에 수북이 쌓였고, 밤마다 군인들은 시신을 끌고 가 땅에 묻었다.

어느덧 4주 차 닷새가 저물고 있었고, 그때까지도 전장의 함성은 줄어들 줄 몰랐다. 그러다 그다음 날 아침 한 줄기 햇빛이 평원을 비추기 시작할 때쯤, 커다란 먼지구름을 일으키며 침략군이 퇴각하기 시작했다.

바빌론 성벽을 지키던 수비군은 이 광경을 보고 엄청난 승리의 함성을 내질렀다. 그 함성의 의미를 모르는 사람은 아무도 없었다. 성벽 뒤에서 기다리던 대기병들도 반복해서 함성을 외쳤다. 거리에 나온 시민들의 함성도 함께 울려 퍼졌다. 바빌론에 머물렀던 폭풍의 그림자는 함성과 함께 모두 씻겨 나갔다.

시민들 모두가 밖으로 뛰쳐나왔다. 거리는 승리의 기쁨으로 흥분한 시민들로 가득했다. 지난 몇 주 동안 억눌려 있던 이들의 두려움은 승리의 기쁨으로 분출되었다. 벨 신전에서도 승리의 불꽃이 활활 타올랐다. 푸른 연기 기둥이 하늘 높이 솟아오르며 바빌론의 승리를 멀고 먼 곳까지 전파했다.

바빌론의 성벽은 바빌론의 풍요를 약탈하고 그 시민들을 노예로 삼으려던 사악한 적의 공격을 다시 한번 물리쳤다.

바빌론은 **안전하게 지켜졌기 때문에** 수세기 동안을 버텨낼 수 있었다. 이 모두가 바빌론의 강력한 성벽 덕분에 가능한 일이었다.

바빌론의 성벽은 어딘가로부터 보호받고 싶어 하는 인

간의 욕구와 열망을 적절하게 설명해준다. 이러한 욕망은 본래 인간에게 내재돼 있다. 과거와 마찬가지로 오늘날에도 인간의 이 욕망은 강렬하다. 따라서 우리는 이 욕망을 해결하기 위해 보다 나은 제도적 장치를 만들어왔다. 바로 오늘날 우리가 사용하는 보험과 저금통장, 그리고 안전한 투자가 바로 이런 장치들이다. 이를 통해 우리는 예측할 수 없는 비극으로부터 스스로를 보호할 수 있다. 비극이 갑자기 문을 열고 나에게 달려들거나, 설사 내가 타오르는 불꽃 옆에 앉는 일이 생기더라도 우리는 안전할 수 있다.

바빌론의 성벽처럼 우리를 안전하게 지켜줄
제도적 장치가 반드시 필요하다!

8장.

바빌론의 낙타상인

　사람은 배가 고플수록 정신이 맑아지며, 오래 굶주릴수록 음식 냄새에 민감해지는 법이다. 아주레의 아들 타르카드는 분명 그렇게 생각했다. 타르카드가 이틀 동안 먹은 거라곤 몰래 담을 넘어 훔친 작은 무화과 2개뿐이었다. 그걸 본 아낙네가 화를 내며 뛰쳐나와 타르카드를 뒤쫓았다. 그가 시장을 빠져나올 때까지도 날카롭게 외치는 그녀의 목소리가 계속해서 들려왔다. 그 덕에 시장 좌판에 널린 먹음직스러운 과일을 몰래 훔치고 싶은 유혹을 간신히 뿌리칠 수 있었다.

　바빌론의 시장에 얼마나 많은 음식이 널려 있는지, 또 그 냄새가 얼마나 좋은지, 그전에는 알지 못했다. 가까스로 시장을 빠져나온 그는 건너편 여인숙으로 돌아가던 길에 식당 앞을 서성거렸다. 여기서 누군가 아는 이를 만날 수도 있지 않을까 싶었다. '동전 한 닢이라도 빌릴 사람이 어디 없나? 동전 한 닢이라도 있다면 불친절한 여인숙 주인도 나를 보고 잠깐이나마 미소를 지을 텐데' 하고 생각했다. 돈 한 푼 없이는 그 어디서도 환영받지 못한다는 사실을 타르카드는 너무나 잘 알고 있었다.

이런 생각을 하고 있던 순간, 뜻밖에도 그가 가장 마주치고 싶지 않았던 얼굴을 맞닥뜨리고 말았다. 큰 키에 깡마른 체구를 지닌 낙타상인 다바시르였다. 타르카드는 그동안 자신이 돈을 빌렸던 지인들 가운데 다바시르에게 가장 면목이 없었다. 그도 그럴 것이 돈을 재빨리 갚겠다는 약속을 몇 번이나 했지만 한 번도 그 약속을 지킨 적이 없었기 때문이다.

타르카드를 마주한 다바시르의 얼굴이 환해졌다.

"와, 내가 그렇게 찾던 타르카드를 여기서 다 만나다니! 한 달 전에 빌려 간 동전 두 닢에 그전에 빌려 간 은화까지, 자네 도대체 내 돈을 언제 갚을 건가? 오늘 마침 잘 만났다! 급히 쓸데가 있으니 그 돈 당장 갚도록 하게! 왜 답이 없는 거야? 왜?"

타르카드는 말을 더듬거렸고 얼굴은 붉어졌다. 뱃속에 아무것도 들어 있지 않은 탓에 거침없이 내뱉는 다바시르의 말에 제대로 대꾸할 힘도 없었다.

"죄송합니다. 정말 죄송해요."

타르카드는 기운 없이 중얼거리듯 말했다.

"지금은 어르신께 갚을 동전 한 닢도, 은화도 없습니다."

이 말에 다바시르는 소리치듯 말했다.

"그럼 어디든 가서 돈을 구해 와야지! 옛 친구의 아들이라는 이유로 네 사정을 보고 도와줬는데…… 이제 와서 한다는 소리가 고작 죄송하단 말뿐인 게냐?"

"제가 운이 없나 봅니다. 어르신께 갚을 돈을 아직 구하지 못했어요."

"운이 없어서라고? 자네의 잘못을 신의 탓으로 돌리고 있군. 자네처럼 갚을 생각은 하지 않고 빌릴 생각만 하는 사람은 늘 운을 탓하지. 그럼 자네, 지금 나와 함께 가세. 배가 고프던 참이니, 밥을 먹는 동안 자네에게 해줄 이야기가 있어."

다바시르의 노골적인 비난 앞에서 타르카드는 위축될 수밖에 없었다. 하지만 그렇게나 들어가고 싶던 식당에 초대받은 것이나 다름없었기에 그와 함께 들어갔다. 다바시르는 자신이 늘 앉던 자리인 식당 코너 안쪽에 놓인 조그만 방석으로 향했다.

식당 주인 카우스코르가 얼굴에 미소를 지으며 주문을 받으러 왔다. 다바시르는 평소처럼 편안한 말투로 주문했다.

"이봐, 카우스코르! 내게 육즙 가득한 염소 다리와 빵, 그리고 야채도 가져다주게. 몹시 배가 고파서 잔뜩 먹어야겠어. 여기 앉은 내 일행 것도 빠트리면 안 되네. 날이 더우니 시원한 물 한 잔이면 될 것 같구먼."

타르카드의 마음이 철렁 내려앉았다. 다바시르가 염소 다리를 통째로 뜯어 먹는 모습을 보면서 겨우 찬물 한 잔 마시고 있어야 한다고? 하지만 타르카드는 아무 말도 하지 않았다. 누가 봐도 그럴 수 없는 처지였기 때문이다.

그러나 다바시르는 타르카드가 꾹 참고 아무 말도 못 하고 있다는 것을 전혀 신경 쓰지 않았다. 다바시르는 온화하게 웃으며 식당 안의 아는 얼굴들에게 계속해서 이야기했다.

"내가 우르파에서 막 돌아온 여행객에게 어떤 부자에 대한 이야기를 들었는데 말이야. 그 부자에게는 어찌나 얇게 잘랐는지 물체가 비칠 정도로 투명한 돌판이 하나 있었다는구먼. 그 부자는 비가 들이치는 걸 막으려고 그 돌판을 자기 집

창틀의 구멍 난 곳에 끼워놓았다는군. 돌판은 노란색이었대. 그 여행객도 그 돌판을 통해 바깥 세계를 볼 기회가 있었는데, 세상이 원래대로가 아닌, 다른 색으로 보였다고 하는구먼. 타르카드, 자네는 어떻게 생각하는가? 이 세상 모든 게 다른 색으로 보일 수 있다고 생각하나?"

다바시르 앞에 놓인 염소 다리에서 눈을 떼지 못한 채 타르카드가 답했다.

"그럴 리가요."

"아니라네. 나도 한때는 원래와는 다른 색으로 세상을 본 적이 있었지. 내가 어떻게 다시 원래 색으로 세상을 바라보게 되었는지 내 경험을 자네에게 들려주려고 하네."

"다바시르가 이야기를 해줄 건가 봐."

옆자리에 앉아 있던 손님이 친구에게 속삭이면서 다바시르 가까이로 방석을 끌고 가 앉았다. 다른 손님들도 남은 음식을 가지고 가까이 다가와서 반원 모양으로 둘러앉았다. 손님들은 살이 붙은 고기를 씹어 먹으며 타르카드의 귀에 시끄럽게 들릴 정도로 소리를 냈다. 타르카드만 먹을 것이 없었다. 다바시르는 그에게 조금의 음식도 권하지 않았다. 그가 먹던 딱딱한 빵 조각의 끝부분이 잘려서 바닥으로 떨어져 나갈지

언정 타르카드에게 돌아오는 음식은 아무것도 없었다.

"내가 해주려는 이야기는 말이야."

다바시르는 커다란 염소 다리살 덩어리를 한입 크게 물어 뜯으려고 잠시 멈췄다가 다시 이야기를 시작했다.

"내 젊은 시절 이야기라네. 그리고 이 이야기는 내가 어떻게 낙타상인이 되었는지 알려주지. 내가 한때 시리아에서 노예로 일했다는 걸 아는 사람이 있나?"

모두가 놀라서 낮은 소리로 수군거렸고, 다바시르에게는 이들이 놀라는 소리가 싫지 않게 들렸다. 다바시르는 염소 고기를 한입 더 크게 베어 물며 다시 말을 이어갔다.

"젊었을 때 난 안장을 만들어 판매하는 아버지에게서 장사를 배웠지. 아버지의 가게에서 일하면서 아내와 결혼을 하게 되었고, 젊었지만 별다른 기술이 없던 나는 착한 아내와 살면서 그럭저럭 지낼 만큼의 돈을 벌었어. 그렇게 살면서도 언젠가 내가 가진 돈으로는 살 수 없는 좋은 물건들을 갖게 되기를 간절히 바랐지. 그러던 나는 그간 주변 사람들에게 신용을 쌓았기 때문에 내가 원하면 먼저 물건을 사고 돈은 나중에 지불할 수도 있다는 걸 알게 되었어.

젊고 경험이 없던 나는 버는 돈보다 쓰는 돈이 더 많으면 결국 몇 배로 갚게 되는 벌을 받게 된다는 사실을 모르고 있었지. 그래서 좋은 옷을 찾아 입고, 아내에게도 수많은 장신구를 사주었어. 나와 아내, 우리 집을 위해 내 수입보다 훨씬 많은 돈을 펑펑 쓰고 다녔지.

처음에는 그럭저럭 돈을 갚을 수 있었어. 한동안은 별문제 없었지. 하지만 시간이 흐르면서 내 수입으로는 그동안 빌린 돈을 전부 갚을 수가 없다는 사실을 알게 됐어. 내게 물건을 내어준 상인들은 빌려 간 돈을 갚으라며 나를 괴롭히기 시작했어. 내 삶은 점점 비참해져 갔지. 친구들에게도 돈을 빌렸지만, 그들에게도 마찬가지로 돈을 갚지 못했어. 상황은 점점 더 나빠졌지. 아내마저 친정으로 돌아가버렸고. 그래서 결국 나는 바빌론을 떠나 다른 도시에서 새로운 기회를 찾아나섰어.

2년 동안 대상을 따라다니며 쉴새 없이 일했지만 성공하지 못했어. 그러다 그만 무기가 없는 대상만 노리며 사막을 샅샅이 찾아 헤매던 강도들과 한패가 되고 말았지. 정직하기만 하시던 우리 아버지의 아들로서 해서는 안 되는 일이었어. 그럼에도 세상이 다른 색으로 보였던 그때의 나는 스스로가 얼마나 타락했는지 깨닫지 못했지.

우리 일당은 첫 번째 약탈에 성공했어. 많은 양의 금화와 비단, 귀중품들을 훔쳤지. 이렇게 약탈한 물건들을 기니르로 가져가 흥청망청 탕진해버렸어.

두 번째 약탈은 운이 따르지 않았어. 귀중품들을 훔친 직후에 대상이 자신들을 보호하기 위해 고용한 원주민 추장의 창병들로부터 공격을 받고 말았지. 우리 일당의 우두머리 두 명은 그들에게 살해당했고, 나머지 잔당들은 다마스쿠스로 끌려가 벌거벗겨진 채 노예로 팔렸다네.

나는 은화 두 닢에 시리아 사막의 족장에게 팔려 갔어. 머리도 전부 깎였고, 허리에 천 하나만 두른 내 모습은 다른 노예들과 크게 다르지 않았지. 무모한 젊은이였던 나는 족장 부인 네 명의 시중을 들어야 한다는 족장의 말을 믿을 수 없었지. 족장은 이 네 명의 부인들에게 나를 맡기겠다고 했어. 심지어 나를 거세해도 좋다고 했지.

그렇게 나는 내 처지가 얼마나 절망적인 상황인지 깨닫게 되었어. 사막의 남자들은 사납고 호전적이었지. 나는 무기도, 도망갈 방법도 없이 그들이 시키는 대로 움직여야 했어.

네 명의 부인이 나를 훑어볼 때, 나는 두려움과 수치심에 견딜 수 없을 정도였지. 그래도 혹시 그 부인들이 내게 동정을 베풀어주지 않을까 하는 희박한 가능성에 희망을 걸어보기도 했지. 족장의 첫 번째 부인 시라는 다른 부인들보다 나이가 많았어. 그녀가 나를 바라볼 때는 무표정한 얼굴이었지. 그녀에게선 전혀 위안을 얻을 수 없을 것 같아서 다른 얼굴로 향했지. 두 번째 부인은 오만한 표정을 한 미인이었어. 그녀는 마치 땅벌레 보듯 냉담하게 나를 바라봤지. 그녀보다 더 어린 두 명의 부인들은 모든 게 그저 재미있는 농담인 듯 킥킥 웃어댔어.

그 순간 나는 마치 사형선고를 받고 집행을 기다리는 죄수처럼 무력하게 서 있어야 했지. 네 명의 부인은 나에게 무슨 일을 시킬지에 대해 서로서로 결정을 미루는 듯했어. 그러던 중 마침내 시라가 차가운 목소리로 족장에게 말했지.

'거세된 노예는 이미 우리에게 많아요. 하지만 낙타지기는 몇 없는 데다 전부 형편없는 자들뿐이죠. 오늘도 고열로 몸이 불편하신 어머니를 찾아뵈러 가야 하는데, 믿고 맡길 만한 낙타지기가 없습니다. 그러니 이 노예에게 낙타를 끌고 갈 수 있는지 확인해봤으면 합니다.'

그러자 족장이 내게 물었어.

'자네, 낙타를 다룰 줄 아는가?'

나는 그의 질문에 내심 기뻤지만, 티를 내지 않고 이렇게 답했지.

'저는 낙타를 무릎 꿇게 할 줄 알고, 낙타에게 짐 싣는 법도 알고 있습니다. 낙타가 피곤하지 않게 긴 여정을 이끌어본 적도 있고요. 올가미를 고치는 방법도 압니다.'

족장이 말했다.

'이 노예, 제법 쓸 만할 것 같은데. 시라, 만일 당신이 원한다면 이 노예를 낙타지기로 데려가도록 하시오.'

그렇게 나는 시라의 낙타지기가 되었고, 그날 곧바로 낙타를 끌고 시라의 아픈 어머니를 찾아가는 긴 여정을 떠났어. 그 길에 시라에게 낙타지기가 되게 해주어 감사하다고 했지. 본래 나는 노예가 아닌 자유민으로, 바빌론의 훌륭한 안장 장인의 아들이라는 얘기도 했어. 그러면서 내 인생 이야기를 그녀에게 모두 해주었지. 그때 그녀가 내게 한 말은 나를 당황스럽게 만들었고, 그 이후에도 그 말에 대해 곰곰이 곱씹었지.

'본인의 잘못으로 이 지경에 이르렀는데, 자네는 어떻게 스스로를 자유민이라 부를 수 있나? 노예의 영혼을 지닌 사람은 아무리 태생이 자유민이라 해도 그는 자유민이 될 수 없네. 자유민의 영혼을 지닌 사람은 불행이 덮친다 해도 자기가 사는 도시에서 존경받으며 영광을 누리며 살지 않겠는가?'

일 년이 넘는 기간 동안 나는 다른 노예들과 함께 살았지만, 그들과 어울릴 수는 없었다네. 어느 날 시라가 내게 물었어.

'다른 노예들은 서로 어울려 놀고 있는데, 왜 자네 혼자 여기 앉아 있는 건가?'

그래서 내가 대답했지.

'주인님께서 지난번 제게 해주신 말씀을 곰곰이 생각하고 있었습니다. 저는 다른 노예들과 함께 어울릴 수 없으니, 그들과 떨어져 앉아야 하죠.'

그러자 시라는 내게 이렇게 털어놓았어.

'사실 나 역시 다른 부인들과 떨어져 앉아야 하는 사람이네. 족장이 나와 결혼해준 것은 내 지참금이 많았기 때문이야. 그는 나를 원하지 않았지. 여자라면 누구나 상대가 자신을 간절히 원하기를 바라지. 족장이 나를 원치 않았기 때문에 내게는 자식 하나 없다네. 그러니 나는 다른 부인들과 거리를 두어야 해. 만일 내가 남자였다면 노예가 되느니 차라리 죽는

편을 택했겠지. 하지만 우리 부족의 관습상 내가 남자였다면 결국 여성의 노예가 되고 말았겠지.

그때 나는 시라에게 갑작스럽게 물었어.

'지금까지 주인님은 저를 어떻게 생각하셨습니까? 저는 자유민의 영혼을 지니고 있나요? 아니면 노예의 영혼을 지니고 있나요?'

그녀는 내 질문에 바로 답하는 대신 이렇게 질문을 던지고는 말을 아꼈지.

'바빌론에서 사람들에게 진 빚을 갚겠다는 생각이, 자네에게 있는가?'

'네, 그렇게 하고 싶습니다만, 방법을 모르겠습니다.'

'만일 자네가 지금의 삶에 만족하며 세월을 흘려보내고, 자네가 진 빚을 갚으려는 노력을 하지 않는다면, 멸시받을 만한 노예의 영혼을 지닌 것이겠지. 그런 이를 존중할 사람은 아무도 없어. 자기가 빚진 돈을 제대로 갚지 않는 사람은 자기 스스로를 존중할 수도 없고 말이야.'

'하지만 이곳 시리아에서 노예로 살고 있는 제가 할 수 있는 일이 뭐가 있겠습니까?'

'그렇다면 시리아에서 평생 노예로 살도록 하게. 약해 빠

진 사람 같으니라고.'

나는 그녀의 말에 강하게 반발했어.

'그렇지 않습니다, 주인님.'

'그렇다면 어디 한번 증명해보게.'

'제가 어떻게요?'

'위대한 바빌론의 왕은 온갖 방법과 힘을 동원해 적과 싸우지 않는가? 자네가 진 빚이 자네의 적이네. 그 적이 자네를 바빌론에서 쫓아냈지. 자네는 그 적을 그대로 내버려두었고, 그 적은 물리치기에 너무 강력해졌지. 인간으로서 그 적과 싸워 물리쳤다면, 자네는 마을 사람들 사이에서 존경받는 인물이 될 수도 있었을 걸세. 하지만 자네는 그 적과 싸울 영혼이 없었고, 시리아에 와서 노예가 되고 말았어. 이 지경에 이르기까지, 자네는 스스로의 자존심이 무너지는 모습을 그저 지켜보기만 하지 않았나?'

나는 시라가 신랄하게 쏟아낸 지적들을 한참 동안 되새겨보았어. 그리고 마음속으로 내가 노예가 아님을 증명해 보이기 위해 그녀에게 할 수 있는 말이 없을까 고민해봤지. 하지만 증명해 보일 방법이 없었어. 그러다 사흘 뒤, 나는 다시 시라 앞에 불려 갔어.

'어머니의 병세가 또 심해지셨다는군. 우리 집에 있는 가장 좋은 낙타 두 마리를 준비해 안장을 얹도록 하게. 긴 여정을 떠나야 하니 물을 싣고 안장에 가방을 달게. 하녀가 자네에게 음식을 챙겨줄 걸세.'

나는 낙타에 실을 짐을 싸면서 안주인이 겨우 하루 치 여정을 떠나는데 하녀는 왜 이렇게 많은 식량을 준비했는지 궁금해했지. 하녀는 뒤에 따라오는 낙타에 탔고 나는 안주인의 낙타를 끌었어. 우리가 안주인의 친정에 도착하자 막 어두워지기 시작했지. 시라는 하녀를 밖으로 내보내더니 내게 이렇게 말했어.

'다바시르, 자네는 자유민의 영혼을 지녔나, 아니면 노예의 영혼을 지녔나?'

'자유민의 영혼을 지녔습니다.'

그러자 시라는 정색을 하며 내게 말했지.

'지금이야말로 자네가 그 사실을 증명해 보일 기회야. 지금쯤 족장은 술을 거나하게 마시고 취했을 거고, 노예들도 모두 인사불성이 되었겠지. 이 낙타들을 데리고 이곳을 떠나게. 자네가 위장할 수 있게 여기 이 가방 안에 내 남편 옷을 넣어두었네. 내가 어머니를 뵈러 친정에 와 있는 동안 자네가 낙타

를 훔쳐 도망쳤다고 둘러대도록 하지.'

'주인님께서는 여왕 같은 고결한 영혼을 지니신 분입니다. 주인님께서 행복하시기를 간절히 바라겠습니다.'

그러자 그녀는 내게 이렇게 말했네. 모든 걸 내려놓은 사람처럼 보였지.

'행복이 과연 내게 찾아오겠나? 이 먼 땅에서, 낯선 사람들 사이에 있는 나에게 과연 행복이 찾아올까? 이제 자네의 갈 길을 가게. 갈 길이 멀고 식량과 물이 부족할 테니, 바빌론에 도착할 때까지 사막의 신이 자네를 지켜주길 빌겠네.'

더 이상 망설일 필요가 없었지. 시라에게 깊은 감사의 인사를 드리고 곧바로 길을 떠났어. 낯선 땅 시리아의 지리를 잘 알지 못했고, 오로지 바빌론으로 가는 길이 어느 쪽인지만 감으로 알고 있었지. 그럼에도 사막을 가로질러 언덕 방향으로 용감하게 나아갔네. 낙타 한 마리 위에 내가 올라타고, 다른 한 마리는 끌고 갔어. 그날 밤, 그리고 그다음 날까지 계속해서 이동했지. 주인의 낙타까지 훔쳐 도망친 노예에게 얼마나 끔찍한 형벌이 가해질지 알고 있었기 때문에 쉬지 않고 움직였어.

이튿날 오후 늦게 나는 마치 또 하나의 사막인 것처럼 사람 하나 살 수 없을 것 같은 마을에 도착했어. 날카로운 돌 조각들 때문에 충실한 내 낙타들의 발바닥에는 온갖 상처가 생겼지. 고통스럽고 힘들었을 텐데도 낙타들은 천천히 발걸음을 옮겼어. 그 마을에는 사람 하나 보이지 않았고, 짐승과도 마주치지 않았어. 이렇게 피폐해진 땅에서 살 사람은 아무도 없을 거라는 생각이 들었지.

외롭고도 고독한 여정이 계속되었어. 매일매일 한 걸음씩 힘겹게 걸어가는 수밖에 없었지. 식량도 물도 다 떨어졌어. 게다가 태양의 열기는 잔인할 정도로 뜨거웠지. 그렇게 길을 나선 지 아흐레째 되던 날 밤, 나는 타고 있던 낙타의 등에서 미끄러져 떨어지고 말았어. 그때 이런 생각이 들었지. 더 이상 이 언덕을 오르지 못할 것 같고, 이 버려진 땅에서 길을 잃은 채 죽을 것만 같다고.

결국 나는 그 자리에 드러누워 잠이 들었고, 다음 날 햇살이 내리쬘 때까지 계속해서 일어나지 못했어.

잠에서 깬 나는 일어나 앉아서 내 주변을 둘러봤어. 시원한 아침 공기가 나를 감쌌지. 낙타들은 나와 멀지 않은 곳에 기진맥진한 채로 누워 있었어. 내 주위에는 바위와 모래, 가시덤불로 뒤덮여 황폐해진, 그야말로 버려진 땅밖에 보이지 않앉어. 물이 있을 만한 곳도, 사람이나 낙타가 먹을 음식도 아무것도 없었지.

이렇게 적막한 곳에서 내 생의 마지막 순간을 보내야만 하는 것일까? 이 생각이 드는 순간 내 정신은 그 어느 때보다도 뚜렷해졌어. 몸은 그다지 중요하지 않은 것처럼 느껴졌지. 입술은 갈라져 피가 흐르고, 혀는 바싹 마르다 못해 부어올랐어. 며칠을 굶어 배 속은 텅 비어 있었지만, 과거 노예로 지내던 시간을 생각하면 배고픔도 얼마든지 견딜 수 있었다네.

나는 볼 것 없는 주의를 둘러보다가, 다시 한번 이 질문을 떠올렸어.

'나는 노예의 영혼을 지닌 자인가, 아니면 자유민의 영혼을 지닌 자인가?'

그러자 내 머릿속에서 분명한 깨달음이 느껴졌지. 내가 만약 노예의 영혼을 지닌 자라면, 이 여정을 포기하고 이 사막에 누워 죽음을 맞게 될 것이 분명했어. 이것이야말로 도망간 노예에게 걸맞은 최후가 아닐까 싶었지.

하지만 만일 내가 자유민의 영혼을 지닌 자라면, 그럼 어떻게 해야 하는 거지? 그렇다면 어떻게든 바빌론으로 돌아가, 나를 믿어주었던 사람들에게 돈을 갚을 거야. 나를 진심으로 사랑했던 아내에게 행복을 가져다주고, 부모님께도 평화로움과 안도감을 전해드려야만 해.

시라가 '자네의 적은 바빌론에서 자네를 쫓아낸 빚일세'라고 말했었지. 맞아, 그게 사실이었어. 도대체 왜 나는 사람답게 살지 못했던 걸까? 왜 사랑하는 아내마저 친정으로 돌아가도록 가만 내버려두었던 걸까?

그 순간 이상한 일이 벌어졌어. 그때까지 내 눈을 가리고 있던 색유리가 한순간 사라진 듯했지. 이 모든 세상이 갑자기 다른 색으로 보이기 시작했어. 마침내 나는 삶의 진정한 의미를 알게 되었던 거야.

사막에서 맞는 죽음이라니! 내가 그럴 순 없지. 새롭게 삶의 의미를 깨달은 나는 당장 해야 할 일이 무엇인지 생각했어. 먼저 바빌론으로 돌아가 내가 돈을 빌린 뒤 갚지 않았던 이들에게 일일이 찾아갈 거야. 그러고는 그들에게 이야기해야지. 수년간 떠돌아다니며 불행한 삶을 살다가, 가능한 한 빨리 내가 진 빚을 갚기 위해 바빌론으로 돌아왔다고. 그런 다음 내 아내를 위한 집을 마련하고 우리 부모님께서 자랑스러워하실 만한 바빌론의 시민이 되어야지.

내가 진 빚은 나의 적이었지만, 내게 돈을 빌려준 사람들은 내 친구들이었어. 그들은 나를 믿었기 때문에 내게 돈을 빌려주었던 거지.

나는 비틀거리며 두 다리로 일어섰어. 고작해야 배고픔과 갈증 아닌가? 그저 바빌론으로 향하는 길에 생긴 작은 고충일 뿐이었지. 내 안에 있는 자유민의 영혼은 이 고난들을 넘어섰어. 스스로의 적인 빚을 청산하고 친구들에게 보답하기 위해 계속해서 걸어갔지. 나 자신의 결의에 스스로도 감격했네.

갈라진 나의 목소리가 들리자 지쳐 쓰러져 있던 낙타들의 흐릿한 눈동자도 밝아졌어. 온 힘을 다해 여러 차례 시도한 끝에 낙타들도 땅을 딛고 일어섰지. 그러고는 인내심을 발휘해 북쪽을 향해 한 걸음씩 계속 내디뎠어. 우리가 한 걸음씩 앞으로 내딛을 때마다 내 내면의 목소리는 우리가 바빌론을 찾아내고 말 거라고 계속해서 이야기해주고 있었네.

그러다 마침내 우리는 물이 있는 곳을 찾아냈어. 풀이 자라고 과일이 열리는, 보다 비옥한 땅을 지나가게 되었던 거지. 여기서부터는 바빌론으로 가는 길을 찾을 수 있었어. 노예의 영혼은 '한낱 노예인 내가 할 수 있는 일이 뭐가 있겠어?'라고 투덜거렸겠지. 하지만 그러는 동안 자유민의 영혼은 '삶을 해결해야 하는 일련의 문제라 여기고 그 문제를 해결'했어."

다바시르는 자신의 노예 시절 이야기를 마치면서 타르카드에게 물었다.

"타르카드, 자네는 어떤가? 몹시 배가 고프니, 정신은 더 맑아지지 않았는가? 다시 자존감을 얻을 수 있는 길로 향할 준비가 되었나? 세상의 색이 진짜로 어떤 색인지 제대로 볼 수 있겠는가? 자네가 진 빚이 아무리 많다 해도, 그걸 모두 갚고 다시 한번 바빌론에서 존경받는 사람이 되고 싶지 않은가?"

타르카드의 눈에서 눈물이 왈칵 쏟아졌다. 그는 다바시르 앞에 정중히 무릎을 꿇었다.

"어르신께서 제게 새로운 비전을 보여주셨습니다. 제 안에서 자유민의 영혼이 솟구치는 것을 이미 느꼈습니다."

그때 다바시르의 이야기를 관심 있게 듣고 있던 손님이 물었다.

"그런데 바빌론으로 돌아오신 뒤에는 어떻게 하셨습니까?"

다바시르가 답했다.

"**뜻이 있는 곳에 길이 있는 법이지**. 내게는 뜻이 생겼으니 방법을 찾아내기 시작했어. 먼저 내가 빚진 모든 이들을 찾아가 반드시 빚을 모두 갚겠다면서 용서를 구했지. 대부분은 나를 반갑게 맞이해주었어. 나를 보고 비난을 퍼붓는 사람들도 더러 있었지만, 나를 도와주겠다며 먼저 제안한 사람들도 있었지. 그중 한 명이 바로 내게 절실히 필요했던 도움을 준 대금업자 마톤이었어. 내가 시리아에서 낙타지기로 일했다는 걸 알게 된 그는 나이 지긋한 낙타상인 네바투르에게 찾아가 보라고 했지. 네바투르는 먼 여정을 준비하고 있는 왕의 위임을 받아 건강한 낙타 무리를 구하려던 참이었어. 나는 내가 알고 있는 낙타에 대한 경험을 살려 네바투르와 함께 일했네. 그러면서 점차 내가 빌렸던 돈을 모두 갚아나갔지. 그렇게 모든 빚을 청산하고 나서야 비로소 스스로에게 떳떳한 사람이 될 수 있었다네."

다바시르는 다시 음식을 바라보며 주방에 있는 주인장을 크게 불렀다.

"카우스코르, 이 굼벵이 같은 양반! 음식이 다 식어버렸어. 방금 구워낸 고기를 더 가져다주게. 타르카드를 위한 음식도 많이 좀 가져다주고. 내 오랜 친구의 아들이 배가 고프니 나와 함께 식사할 걸세."

이렇게 옛 바빌론의 낙타상인 다바시르의 이야기가 끝이 났다. 다바시르는 그가 살던 시대보다 훨씬 이전에 살았던 현자들이 알고 활용했던 위대한 삶의 진리를 깨닫게 되면서 자신이 자유민의 영혼을 지녔음을 알게 되었다.

이 진리는 나이를 막론하고 어려움을 겪고 있는 모든 이들을 성공으로 이끌어주었다. 마법과도 같은 이 진리는 이 뜻을 이해하는 사람들에게 앞으로도 계속해서 그런 역할을 해줄 것이다. 누구든 다음의 문장을 읽기만 하면 된다.

뜻이 있는 곳에 길이 있다!

9장.
바빌론의 점토판

| 첫 번째 점토판

시리아에서 노예로 지내다 이제 막 돌아온 나 다바시르
는 보름달이 떠오른 오늘 이렇게 결심한다.

나는 내가 진 빚을 모두 갚고 내 고향 바빌론에서 존경받
는 부자가 될 것이다. 이 점토판에 내가 할 일을 기록해놓고,
내가 목표로 하는 모든 일을 반드시 수행할 것이다.

대금업자인 마톤의 현명한 조언에 힘입어 그가 제시한
계획을 따를 것이다. 이 계획을 통해 나는 부자가 되고, 자존
감 있고 명예로운 사람으로 거듭날 것이다.

이 계획에는 내가 간절히 바라고 열망하는 세 가지 목표가 담겨 있다.

첫째, 이 계획은 미래의 번영된 삶을 위한 것이다.

이를 위해 내 수입의 10분의 1은 따로 저축해둘 것이다. 마톤이 다음과 같이 분명히 말했기 때문이다.

"지갑에 금화나 은화를 여유자금으로 가지고 있는 사람은 자기 가족에게 최선을 다하고 왕에게 충성을 다하는 사람이다.

지갑에 든 것이 동전 몇 개뿐인 사람은 자기 가족과 왕에게 무관심한 사람이다. 하지만 지갑에 돈이 거의 없는 사람은 자기 가족에게 몰인정하고 왕에게 신의가 없는 사람이다. 이런 사람은 본래 마음이 차가운 이들이다.

따라서 성공하고 싶은 사람은 지갑에서 계속 짤랑거리는 소리가 날 만큼 돈을 갖고 있어야 한다. 그래야 마음속에 가족에 대한 사랑과 왕에 대한 충성심을 품을 수 있다."

둘째, 이 계획은 나를 믿고 다시 돌아와준 내 소중한 아내에게 보답하기 위한 것이다.

마톤은 충실한 아내를 잘 보살피는 것이 본인 스스로에게 자존감을 심어주는 일이며, 스스로 세운 목표에 결단력과 힘을 부여해준다고 말했다.

따라서 내 수입의 10분의 7은 의식주에 쓰일 것이며, 삶에서 느끼는 즐거움이 부족하지 않도록 여가생활 등에 추가로 지출하게 될 것이다. 하지만 마톤은 이러한 가치 있는 목적을 위해 지출하는 것도 수입의 10분의 7을 넘지 않도록 해야한다고 강조했다. 바로 여기에 이 계획의 성공 여부가 달려 있다. 나는 반드시 수입의 10분의 7에 맞춰 지출하며 살아가야하고, 절대 그 이상을 소비해서는 안 된다.

│ 두 번째 점토판

셋째, 이 계획은 내 수입에서 내가 갚아야 할 빚을 명시한 것이다.

보름달이 떠오르는 날마다 나를 믿고 돈을 빌려준 사람들에게 내가 번 돈의 10분의 2를 균등하게 나누어 갚아야 한다. 그렇게 하면 조만간 내가 빌린 모든 돈을 분명 갚을 수 있다. 그러므로 내가 빚을 진 모든 사람의 이름과 그 액수를 여기에 새겨놓도록 하겠다.

파루, 직조공, 은화 2개와 동전 6개

신자르, 침상 제조인, 은화 1개

아마르, 친구, 은화 3개와 동전 1개

잔카르, 친구, 은화 4개와 동전 7개

아스카미르, 친구, 은화 1개와 동전 3개

하린시르, 보석세공인, 은화 6개와 동전 2개

디아베케르, 아버지 친구, 은화 4개와 동전 1개

알카하드, 집주인, 은화 14개

마톤, 대금업자, 은화 9개

비레지크, 농부, 은화 1개와 동전 7개

(이 이후로는 점토판이 깨져서 해독이 불가함!)

세 번째 점토판

이들에게 빚진 돈은 모두 합해 은화 119개와 동전 141개다. 나는 이 돈을 빌리고 난 뒤에 갚을 방법을 찾지 못했다. 이 때문에 나는 어리석게도 아내가 친정으로 돌아가는 모습을 그저 지켜볼 수밖에 없었다. 그러고는 스스로 내 고향 바빌론을 떠나 다른 곳에서 돈을 마련할 쉬운 방법을 찾았다. 하지만 결국 큰 불행을 만나 노예로 전락하기까지 했다.

내 적은 수입으로도 빚을 갚을 수 있는 방법을 마톤이 알려주었을 때, 나의 방종으로 인한 결과로부터 도망쳐버렸던 나 자신이 얼마나 어리석었는지 분명히 깨닫게 되었다.

그래서 나는 내가 돈을 빌렸던 모든 이들을 찾아가 이렇게 설명했다. 내가 당장은 갚을 돈이 없지만, 이제부터 돈을 벌어 내 수입의 10분의 2를 균등하게 나누어 매달 갚아나가겠다고 말이다. 내가 매달 갚을 수 있는 돈이 이 정도이니, 참고 기다려준다면 조만간 모든 돈을 갚게 될 거라고 덧붙였다.

가장 친하다고 생각했던 친구 아마르는 나를 심하게 헐뜯었기에 그를 볼 면목이 없었다. 농부 비레지크는 지금 당장 돈이 필요하니 자기 돈부터 먼저 갚아달라고 했다. 집주인 알카하드는 내 제안에 동의하지 못하겠다면서 모든 돈을 당장 갚지 않는다면 가만두지 않겠다고 경고했다.

나머지 사람들은 대부분 내 제안을 기꺼이 받아들여 주었다. 내가 진 빚을 회피하지 않고 제대로 갚아야 내 마음도 편해질 거라는 생각이 들었다. 따라서 이 계획을 제대로 수행해나가겠다고 결심한다.

| 네 번째 점토판

또다시 보름달이 밝게 빛나는 날이 되었다. 나는 한결 편안해진 마음으로 열심히 일을 해왔다. 충실한 내 아내는 빚을 꼭 갚겠다는 내 의지를 북돋아주었다. 우리가 함께 현명한 결단을 내림으로써 지난 한 달 동안 나는 네바투르 밑에서 튼튼한 네 다리를 가진 낙타들을 구입했고, 은화 19개를 벌었다.

내가 세워둔 계획에 따라 이 돈을 나누었다. 수입의 10분의 1은 미래의 나를 위해 따로 저축해두고, 10분의 7은 아내가 생활비로 쓸 수 있도록 했다. 10분의 2는 빌린 돈을 갚기 위해 가능한 균등하게 나누었다.

내 친구 아마르를 만나지는 못했지만 그의 아내에게 갚을 돈을 맡겼다. 비레지크는 돈을 받고 너무 기쁜 나머지 내 손에 입을 맞추려고 했다. 나이 많은 집주인 알카하드는 여전히 성난 채로 내게 더 빨리 돈을 갚으라고 다그쳤다. 그래서 나는 앞으로도 지금처럼 잘 먹고, 걱정 없이 지내기만 한다면 일을 더 열심히 해서 더 빨리 돈을 갚을 수 있을 거라고 답했다. 나머지 다른 이들은 내게 고마워하면서 내가 한 노력에 대해 칭찬의 말을 건넸다.

그러다 초승달이 뜰 무렵, 나는 은화 4개만큼의 빚을 줄일 수 있었다. 갚아야 할 빚을 제외하고 나에게 은화 2개가 남아 있었는데, 이것은 그 누구에게 갚아야 할 돈이 아닌 그야말로 내 돈이었다. 내 마음은 그 어느 때보다 가벼워졌다.

그리고 다시 보름달이 떴다. 나는 열심히 일했지만 결과는 그다지 성공적이지 않았다. 내가 살 수 있는 낙타가 거의 없었기 때문이다. 내가 번 돈은 고작 은화 11개였다. 채소를 조금 사고, 새 옷은 하나도 사지 못했다. 하지만 그럼에도 내 아내와 나는 우리가 세운 계획을 어기지 않았다. 11개 은화 중에서 10분의 1은 우리를 위해 저축했고, 10분의 7은 생활비로 지출했다. 갚은 돈이 얼마 되지 않았음에도 그 돈을 받고 아마르가 칭찬의 말을 해주어서 나는 놀랐다. 비레지크 또한 칭찬을 건넸다. 알카하드가 적은 금액을 보자 먼저 화부터 내길래, 원치 않으면 다시 돌려달라고 하자 냉큼 그 돈을 가져갔다. 다른 사람들은 이전에도 그랬듯, 돈을 갚자 만족스러워했다.

또다시 보름달이 떴고, 그날 나는 매우 기뻤다. 상태가 좋은 낙타떼를 발견한 나는 많은 낙타를 구입했기에, 이번 달수입은 은화 42개나 되었다. 아내와 나는 필요한 옷과 신발을 여럿 샀고, 고기도 많이 먹었다.

이달에 갚은 돈은 은화 8개가 넘었다. 심지어 알카하드까지 군소리하지 않았다.

이 계획으로 인해 우리는 빚에서 벗어날 수 있었고, 동시에 부를 쌓는 데 도움을 받았다.

내가 이 점토판에 글을 새긴 지 세 달이 되었다. 글을 새길 때마다 나 스스로를 위해 수입의 10분의 1을 저축했다. 상황이 어려웠을 때도 아내와 나는 매달 10분의 7을 생활비로 썼다. 그리고 10분의 2의 수입으로 매달 돈을 갚았다.

이제 내 지갑에는 내가 쓸 수 있는 은화가 21개나 있다. 이 돈이 있음으로 나는 고개를 똑바로 들고 친구들 사이에서 떳떳하게 걸어 다닐 수 있다. 아내는 멋진 옷을 차려입고 집도 잘 꾸려가고 있다. 우리는 함께 지낼 수 있어 행복하다.

내가 세운 계획은 말로 다 할 수 없을 만큼의 가치가 있다. 노예였던 이를 명예로운 사람으로 만들었으니, 어찌 그렇지 않겠는가?

│ 다섯 번째 점토판

또다시 보름달이 밝았고, 내가 점토판에 글을 새긴 지도 이미 오랜 시간이 지났다. 진실하게 보낸 열두 달이 지나갔다. 하지만 오늘 마지막으로 내가 진 빚을 모두 갚았기 때문에 나는 그것을 빠짐없이 기록하려고 한다. 오늘은 충실한 아내와 스스로도 대견한 내가 함께 결심한 일을 이뤄냈기에 성대한 잔치를 벌여 축하하는 날이다.

돈을 빌린 사람들에게 마지막으로 찾아갔을 때 오래도록 기억할 만한 많은 일이 있었다. 아마르는 자신의 불친절했던 태도에 대해 용서를 구하면서 내가 자신의 곁에 평생 남았으면 하는 진정한 친구라고 말해주었다.

알카하드 또한 내게 차갑게 대하지 않았고, 이런 말까지 해주었다.

"과거에 자네는 누르거나 만지는 대로 모양이 잡히는 물렁한 진흙 덩어리에 불과했네. 하지만 자네는 이제 분명한 자기 자신의 모습을 가진 단단한 청동 조각이 되었어. 자네에게 은화나 금화가 필요하면 언제든지 나를 찾아오게."

나를 높이 평가해준 사람은 알카하드뿐만이 아니었다.

이제는 수많은 이들이 내게 경의를 표하며 말한다. 아내는 존경과 애정이 담긴 눈빛으로 나를 바라봐 준다.

이 모두가 내게 성공을 가져다준 계획 덕분이다. 내 모든 빚을 갚고, 내 지갑에 금화와 은화가 가득하게 만들어주었다. 나는 성공하기를 바라는 모든 이들에게 이 계획을 권한다. 실제로 이 계획은 노예로 지내던 나를 모든 돈을 갚고 지갑에 돈이 두둑해지도록 만들어주었다. 따라서 자립하기를 원하는 그 누구에게나 이 계획은 도움이 될 것이다. 물론 내가 아직 이 계획을 완수한 것은 아니지만 계속해서 이 방법대로 살아간다면, 나는 반드시 부자가 될 거라고 믿고 있기 때문이다.

10장.
바빌론에서 가장 운 좋은 자

바빌론의 상인 샤루 나다는 말을 타고 대상 무리를 이끌고 있다. 값비싼 옷을 입고, 혈기 왕성한 아라비아 종마 위에 당당히 올라타 앉은 그의 모습은 그가 지금 깊은 고뇌에 빠져 있다는 사실을 짐작할 수 없게 했다.

시리아의 수도 다마스쿠스에서 바빌론으로 돌아오는 여정은 매우 먼 길이었다. 사막에서 마주해야만 하는 여러 가지 문제점이 있었음에도 샤루 나다는 그 문제들에는 개의치 않았다. 사나운 아랍 부족들이 부유한 대상을 약탈하려고 호시탐탐 기회를 노리고 있었지만, 말을 탄 호위부대가 그들을 지켜줄 것이라 믿었기 때문에 그 위협에도 두려워하지 않았다.

그가 고뇌에 빠진 이유는 다마스쿠스에서 데려온 젊은이 때문이었다. 그의 이름은 하단 굴라, 샤루 나다가 과거에 함께 일했던 아라드 굴라의 손자였다. 아라드 굴라는 그가 평생 다 갚을 수 없을 정도로 고마운 은혜를 베푼 사람이었다. 샤루 나다는 그의 손자를 위해 무엇이든 해주고 싶었다. 하지만 아무리 그런 생각을 한들 그의 손자를 쳐다보기만 하면 그 마음이 싹 사라져버렸다.

하단 굴라가 반지에 귀걸이까지 온갖 종류의 장신구를 온몸에 휘감고 있는 모습을 보면서 샤루 나다는 속으로 이렇게 생각했다.

'남자한테 과연 저런 장신구들이 어울리기는 하나? 하지만 그 얼굴은 남자다운 할아버지 모습을 쏙 빼닮았군. 자네 할아버지는 결코 그런 모습이 아니었는데 말이야. 하지만 저 녀석도 언젠가는 깨닫겠지. 할아버지가 물려준 재산을 모두 날려버린 아버지의 전철을 밟아서는 안 된다는 걸.'

이런 생각을 하고 있을 때 하단 굴라가 끼어들었다.

"왜 아저씨는 늘 그렇게 열심히 일을 하시나요? 쉴새 없이 대상을 이끌며 긴 여정을 나서시잖아요. 왜 인생을 즐기며 시간을 보내지 않으시는 겁니까?"

샤루 나다는 미소를 지으며 말했다.

"왜 인생을 즐기지 않느냐고? 네가 나라면 인생을 즐기기 위해 무얼 하겠느냐?"

"제게 아저씨만큼 많은 돈이 있다면, 저는 왕자처럼 살고 싶습니다. 절대로 뜨거운 사막을 오가며 지내지 않을 거예요. 제 주머니에 돈이 들어오면 곧바로 그 돈을 다 써버릴 겁니다. 가장 좋은 옷을 입고 희귀한 보석을 걸칠 거예요. 이렇게 사는 것이야말로 제가 바라는 삶이자 가치 있는 삶이지요."

샤루 나다는 하단 굴라의 말에 그저 웃었다. 그러다 잠시 생각을 하더니 이렇게 말했다.

"자네 할아버지는 단 한 번도 보석을 걸친 적이 없네."

그러고는 계속해서 말했다.

"그렇다면 자네는 일하는 시간은 전혀 남겨두지 않을 텐가?"

하단 굴라가 답했다.

"일이란 노예들을 위한 것 아니겠습니까."

샤루 나다는 입술을 깨물고는 아무 대답도 하지 않았다. 이들은 오솔길이 비탈길로 이어질 때까지 아무 말 없이 이동했다. 샤루 나다는 고삐를 당겨 말을 잠시 세우더니, 저 멀리

보이는 녹색 계곡을 가리켰다.

"자, 저기 계곡이 보이지? 저 멀리 아래쪽으로 바빌론의 성벽이 희미하게 보일 거야. 저 탑이 바로 벨 신전이지. 자네의 시력이 좋다면, 저 꼭대기에서 나오는 영원한 불꽃의 연기까지 보일 거네."

하단 굴라가 대답했다.

"저기가 바빌론이라고요? 세상에서 가장 부유한 도시는 어떤 곳인지 꼭 보고 싶었습니다. 바빌론은 저희 할아버지께서 재산을 모으기 시작한 곳이지요. 할아버지께서 아직도 살아 계셨다면, 우리가 이렇게 가난하게 살지는 않았을 거예요."

"왜 자네는 돌아가신 할아버지가 여전히 살아 계시기를 바라는가? 자네와 자네 아버지도 할아버지가 하셨던 일을 잘해낼 수 있을 텐데 말이야."

"아니요, 저희는 아무것도 해낼 능력이 없습니다. 아버지와 저는 황금을 끌어모으는 할아버지의 비법을 전혀 모르니까요."

샤루 나다는 그의 말에 아무 대답도 하지 않았다. 그는 말의 고삐를 당겨 걸음을 늦추더니, 생각에 잠긴 채 오솔길을 따라 계곡 쪽으로 내려갔다. 대상 무리는 붉은 먼지구름을 일으키며 이들을 뒤따랐다. 얼마 후 이들은 바빌론으로 연결된 도로에 이르렀고, 정비된 농토를 따라 남쪽으로 향했다.

밭을 갈고 있는 노인 세 명이 샤루 나다의 눈에 띄었다. 신기하게도 이들의 모습은 그에게 익숙한 듯 보였다. 얼마나 놀라운 일인지! 40년 전에 그곳에서 보았던 바로 그 얼굴들이었다. 샤루 나다는 그 모습을 그냥 지나칠 수 없었다. 40년 전과 마찬가지로 노인 한 명은 힘없는 손으로 쟁기를 쥐고 있었고, 나머지 둘은 힘겹게 걸음을 옮기며 황소를 잡아끌기 위해 계속해서 채찍질을 해댔다.

40년 전 샤루 나다는 이들을 보며 정말이지 부러워했었다! 이들과 자신의 처지를 바꿀 수 있기를 바랐었다. 하지만 이제는 자신의 상황과 지위가 얼마나 달라졌는가. 그는 자기 뒤편에 길게 늘어선 대상 행렬을 바라보았다. 다마스쿠스의 귀한 물건들을 싣고 있는 잘 고른 낙타와 나귀를 보며 흐뭇한 미소를 지었다. 심지어 이 모두는 그가 가진 소유물 중 일부일 뿐이었다.

샤루 나다는 농부들을 가리키며 말했다.

"40년 전에도 여기서 밭을 갈던 이들인데, 여전히 이곳에서 쟁기질을 하고 있구나."

"아, 그게 정말입니까?"

"그래, 내가 바로 이 자리에서 이 사람들을 보았지."

과거의 기억이 샤루 나다의 머릿속을 빠르게 지나갔다. 왜 그는 과거를 묻어버리고 현실을 즐기며 살지 못하고 있는 걸까? 하단 굴라에게서 아라드 굴라의 웃는 모습이 비쳤다. 샤루 나다와 냉소적인 젊은이 하단 굴라 사이를 가로막고 있던 장벽이 조금은 허물어진 듯했다.

하지만 어떻게 해야 여기저기 돈을 낭비해대고, 온몸에 보석을 휘감고 다니는 하단 굴라를 도울 수 있을까? 자발적으로 일을 하려고 하는 사람이라면 그 어떤 일자리라도 구해 줄 수 있다. 하지만 하단 굴라처럼 자신은 일을 할 필요가 전혀 없다고 생각하는, 자기 신분을 착각하고 있는 사람에게는 그렇게 할 수가 없었다. 그러나 샤루 나다는 아라드 굴라에게 입은 은혜를 갚고 싶었기 때문에 하단 굴라를 꼭 돕고 싶었다. 적어도 그와 아라드 굴라는 자신의 위치를 잘 아는 사람들이었다. 하단 굴라처럼 허황된 삶을 사는 이들이 아니었다.

그 순간 좋은 생각이 떠올랐다. 하지만 이것은 그의 어두운 과거를 밝히는 일이었다. 그의 가족과 그들의 신분을 먼저 고려해야만 했다. 자칫하면 이 이야기는 그의 가족에게 기억조차 하기 싫은 잔인한 상처를 남겨줄 수도 있었다. 하지만 샤루 나다는 결단력 있게 그 생각을 곧바로 행동으로 옮겼다.

"자네의 훌륭한 할아버지와 내가 어떻게 동업자가 되었는지 알고 싶지 않은가?"

하지만 하단 굴라는 슬쩍 그의 이야기를 넘기려 했다.

"그보다 아저씨께서 어떻게 부자가 되셨는지 말씀해주시지 않겠습니까? 제가 듣고 싶은 건 바로 그 이야기인데요."

샤루 나다는 그의 대답을 무시하고는 이야기를 계속해나갔다.

"쟁기질을 하던 그 사람들 이야기부터 시작하지. 내가 자네 나이였을 때였지. 우리가 저 농부들 옆을 지나갈 때, 내 옆에 사슬로 묶여 있던 농부 메기도가 저들의 행동을 보며 이렇게 비웃었어.

'저 게으른 친구들 좀 보게! 쟁기를 잡은 사람은 쟁기를 깊이 박으려 하지 않고, 황소를 모는 사람들은 고랑을 따라 황소를 몰지 않다니. 이렇게 형편없이 일하는데 어떻게 작물을 잘 길러낼 수 있겠나?'"

그의 말에 하단 굴라는 깜짝 놀라며 물었다.

"잠깐만요. 지금 메기도라는 사람이 아저씨 옆에 사슬로 묶여 있었다고 말씀하셨습니까?"

"응, 그랬지. 우리 목에는 청동으로 만들어진 쇠테가 둘려 있었고 굵은 사슬이 우리를 하나로 묶고 있었어. 메기도의 옆에는 양을 훔친 자바도가 묶여 있었는데, 그는 나와 하룬에서 알고 지내던 자였지. 끝에 있던 사람은 이름을 알려주지 않아서 우리는 그를 해적이라고 불렀지. 마치 선원처럼 가슴에 뱀 문신을 하고 있어서 우리가 해적이라 추측했던 거야. 어쨌든 우리는 이렇게 넷이 하나로 묶여 한 사람처럼 지내야만 했지."

하단 굴라가 믿을 수 없다는 듯 물었다.

"그럼 사슬에 묶여서 노예처럼 지내셨다는 말씀이세요?"

"내가 옛날에 노예로 지낸 적이 있다고 자네 할아버지가 말씀해주시지 않았던가?"

"할아버지께서 아저씨에 대해 종종 이야기하셨지만, 그런 말씀은 해주신 적이 없었는데요."

"자네 할아버지는 그런 분이셨지. 그 어떤 비밀도 끝까지 지켜주시는 분이었어. 자네도 그런 사람인가? 내가 자네를 믿어도 되겠나?"

이렇게 말하며 샤루 나다는 그의 눈을 똑바로 응시했다.

"저를 믿으셔도 됩니다. 하지만 정말 놀라운 이야기네요. 어떻게 노예가 되신 건지 이야기해주시겠습니까?"

샤루 나다는 어깨를 움츠렸다 펴면서 말했다.

"그 누구라도 노예가 될 수 있지. 내가 그렇게 되었던 건 도박과 술 때문이었어. 하지만 내가 도박과 술에 빠졌던 게 아니라, 우리 형이 그랬던 거야. 형이 했던 경솔한 행동으로 인해 내가 희생을 해야만 했지. 어느 날 형이 술에 취해 친구와 말다툼을 벌이다가, 결국 그 친구를 죽이고 말았어. 우리 아버지는 형을 법의 심판대에 세우지 않으려고, 나를 그 친구의 부인에게 담보로 맡기고 돈으로 보상하겠다고 하셨어. 하지만 아버지가 돈을 제때 마련하지 못하자, 그 부인은 화가 나서 나를 노예상인에게 팔아버렸던 거지."

하단 굴라가 소리치듯 말했다.

"아니, 어쩜 그렇게 억울한 일이 있을 수 있나요! 그럼 어떻게 다시 자유민이 되신 겁니까?"

"그 이야기를 해줄 때가 오겠지만, 아직은 아니네. 하던 이야기를 마저 해보지. 우리가 목에 사슬을 걸고 그 길을 지나가자, 그 농부들이 우리를 보며 놀려댔어. 한 사람은 해진 모자까지 벗고 허리를 숙여 인사하면서 이렇게 빈정댔지.

'왕의 손님이시여, 바빌론에 오신 것을 환영합니다. 왕께서 여러분을 위해 성대한 연회를 준비해두고 기다리고 계십니다. 벽돌과 양파수프가 여러분을 기다리고 있지요.'

이렇게 말하며 크게 웃었어. 그러자 화가 난 해적이 그들에게 욕을 쏟아부었지. 그래서 나는 해적에게 물었네.

'그런데 왕이 우리를 기다리고 있다니, 그게 도대체 무슨 뜻이야?'

'등이 부러질 때까지 벽돌을 날라야 한다는 뜻이지. 어쩌면 등이 부러지기 전에 맞아 죽을지도 몰라. 하지만 나를 건드릴 수는 없을 거야. 내가 먼저 그들을 죽여버릴 테니까.'

그러자 메기도가 말했어.

'열심히 일하는 노예를 죽도록 때린다는 게 말이 되나? 말 잘 듣는 노예라면 주인도 이들을 아끼고 잘 대해줄 거야.'

그러나 자바도는 그 말에 코웃음을 치며 말했지.

'열심히 일하고 싶어 하는 노예가 어디 있겠나? 지금 저 농부들의 등은 멀쩡하지 않은가? 그저 열심히 일하는 척하는 저들이 현명한 거지.'

자바도의 말에 메기도가 단호하게 말했어.

'저렇게 꾀를 부린다면 일을 잘할 수가 없어. 만일 자네가 하루에 1헥타르를 경작한다고 해보세. 그건 하루에 하기 적당한 일이고, 주인이라면 그 누구든 그 사실에 대해 알고 있지. 하지만 자네가 하루에 그 절반밖에 경작하지 않았다면, 그건 꾀를 부리는 거야. 나는 꾀를 부리지 않는 사람이라네. 나는 일하는 것을 좋아하고, 일을 잘하고 싶어. 왜냐하면 일이야말로 내가 알고 있는 가장 좋은 친구이기 때문이네. 일은 내게 온갖 좋은 것들을 가져다주었네. 내 농장과 소들, 농작물과 모든 것들을 주었지.'

그러자 자바도가 비웃으며 말했어.

'아, 그래? 그럼 그 좋은 것들은 지금 다 어디에 있는가? 나는 일하지 않고 영리하게 살아가는 게 더 낫다고 생각해. 두고 봐! 만일 우리가 성안으로 팔려 가면, 일을 좋아하는 자네가 벽돌을 나르며 등이 부러질 때 나는 대충 물주머니나 나르거나 무언가 쉬운 일을 하고 있을 테니까.'

그렇게 말하며 그는 바보처럼 웃었지.

그날 밤 내내 나는 무서운 생각에 사로잡혀 있었어. 그래서 잠을 잘 수가 없었지. 나는 밧줄을 두른 상태로 비좁은 공간에 갇혀 있었는데, 다른 이들이 모두 잠들었을 때 첫 번째 감시를 나온 고도소에게 물었어. 그는 아랍인 산적이었는데, 지갑을 훔치면서 그 사람의 목까지 베어버리는 악당 중의 악당이었지.

나는 작은 목소리로 그에게 말했어.

'고도소, 우리는 언제쯤 바빌론에 도착해 노예로 팔려 가게 되나요?'

그가 조용히 되물었어.

'그건 왜 알고 싶은 건데?'

'당신은 제 심정을 이해 못 하시겠죠? 저는 아직 젊고, 반드시 살고 싶습니다. 평생을 성벽 쌓는 일을 하거나, 맞아 죽고 싶지는 않아요. 제가 좋은 주인을 만날 방법이 없겠습니까?'

내가 애절하게 말하자, 그가 다시 조용히 내게 말했어.

'자네는 착한 사람인 것 같으니 내가 알려주지. 우리는 먼저 노예시장으로 갈 거야. 잘 듣게. 노예를 사려는 사람들이 오면 자네는 성실한 사람이고, 좋은 주인을 위해 일하고 싶다고 말하게. 그들이 자네를 사고 싶게 만드는 거야. 자네가 이들에게 팔리지 않으면, 다음 날부터 벽돌을 나르게 될 거야. 죽도록 고생하겠지.'

그가 자리를 뜨자, 나는 따뜻한 모래에 누워 별을 바라보면서 일에 대해 생각했어. 메기도가 일은 자신의 가장 좋은 친구라고 이야기했던 것이 생각났지. 내게도 일이 가장 좋은 친구라면 어떨까 생각해보았네. 이 상황에서 벗어나기 위해서는 분명 일과 친한 친구가 되어야만 했어.

메기도가 깨어났을 때, 나는 그에게 내 결심을 들려주었어. 우리가 바빌론을 향해 걸어가는 동안, 그 결심이야말로 우리에게 한 줄기 희망처럼 느껴졌지. 늦은 오후가 되어서야 우리는 바빌론 성벽에 가까워졌고, 수많은 남자가 마치 개미떼처럼 줄을 지어 가파른 길을 오르내리는 모습을 볼 수 있었어. 성벽 쪽으로 더 가까이 다가갔을 때 나는 그곳에서 수천 명이나 되어 보이는 사람들이 일하는 모습에 놀라버렸지. 일부는 성 주변의 도랑에서 흙을 퍼내고 있었고, 또 다른 일부는 그 진흙으로 벽돌을 만들고 있었어. 제일 수가 많은 무리는 커다란 바구니에 벽돌을 가득 담아 가파른 언덕을 올라 그 벽돌을 벽돌공에게 전해주고 있었지.

(바빌론의 성벽과 신전, 공중정원, 대운하 등 모든 건축물은 주로 전쟁 포로인 노예들에 의해 건설되었다. 이 노예 중에는 범죄를 저질렀거나 재정적인 문제 때문에 노예로 팔려 간

바빌론 지역 시민들도 많았다. 자기 자신이나 아내 혹은 자녀를 담보로 맡기고 돈을 갚겠다고 약속하는 것은 이 시대의 일반적인 관습이었다. 돈을 갚지 못하면, 맡겨진 사람들은 노예로 팔려 갔다.)

감시병은 행동이 느린 노예들에게 욕을 퍼부어댔고, 행렬에서 조금이라도 벗어나면 등에 채찍을 휘둘러댔어. 지쳐버린 노예들이 무거운 바구니를 짊어지려고 비틀거리면서 몸을 숙였어. 그러고는 다시 일어서지 못했지. 채찍에 맞아도 일어나지 못하는 노예들은 길옆으로 치워졌지. 고통스럽게 몸부림을 쳐도 소용없었어. 이들은 곧 길가에 널려 있는 시체들 무리로 던져질 운명이었어. 그러고는 어딘지도 모를 곳에 묻혀버리고 말겠지. 이렇게 끔찍한 광경을 바라보면서 나는 덜덜 떨었어. 만일 노예시장에서 팔려 가지 못한다면, 이것이 나를 기다리는 운명이겠구나 생각하면서 말이야.

고도소의 말이 옳았어. 우리는 성문을 통과해 노예 감옥으로 끌려갔고, 다음 날 아침 노예시장으로 옮겨졌어. 모두가 겁에 질려 몸을 웅크리고 있자, 감시병이 채찍질을 해대며 노예를 사려고 하는 사람들이 우리를 자세히 살펴볼 수 있도록 했지. 메기도와 나는 우리에게 질문하는 모든 사람에게 성심성의껏 대답했어.

그런데 이 자리에서 해적이 어찌나 심하게 저항을 하던지, 노예상인은 왕의 수비대를 부를 수밖에 없었어. 해적에게 족쇄가 채워졌고, 그가 저항할 때마다 수비대는 가차 없이 채찍을 휘둘러댔지. 수비대에게 끌려가는 해적의 모습을 보니 너무 안쓰러웠어.

메기도는 우리가 곧 헤어지게 될 거라 짐작했는지, 노예를 사러 온 사람들이 잠깐 자리를 비우자 내게 말했어. 그는 진지하게 일의 중요성에 대해 다시 한번 강조했지.

'일 자체를 싫어하는 사람들이 있어. 그들은 일을 적으로 삼지. 하지만 일을 친구처럼 대하는 것이 훨씬 더 나은 방법이야. 너 자신이 일을 좋아하도록 만드는 거지. 물론 일은 힘든 거야. 하지만 그렇다고 해서 일을 멀리해서는 안 된다네. 좋은 집을 짓기 위해서는 튼튼한 대들보가 필요하고, 저 멀리서 우물을 길러 와 회반죽을 만들어야 한다는 것을 자네는 알고 있지? 자네, 나와 약속해주게. 좋은 주인을 만나게 된다면, 자네가 할 수 있는 한 그를 위해 열심히 일하겠다고 말이야. 만일 그 주인이 자네의 노력을 인정해주지 않는다고 해도 염려하지 말게. 이것만 기억하도록 해. 열심히 일하고, 맡은 일은 제대로 끝내게. 최선을 다해 일하는 사람에게는 언젠가 그 보답이 찾아올 걸세. 일을 열심히 하면 우리는 더 나은 사람이 될 수 있어.'

건장한 농부가 다가와 우리를 유심히 쳐다보자 그는 하던 말을 멈추었지.

메기도는 그 농부에게 어느 정도 크기의 농장을 갖고 있는지, 어떤 농작물을 키우고 있는지 물었어. 그러면서 자신이 쓸모 있는 노예가 될 거라고 그 농부를 설득했지. 농부는 노예상인과 한참 동안 실랑이를 벌이더니 두툼한 지갑을 꺼내 값을 치렀고, 새 주인을 따라나선 메기도는 이내 내 시야에서 사라지고 말았어.

오전에 또 몇 명이 노예로 팔려나갔고, 정오가 되자 고도소가 내게 와서 말해줬어. 노예상인이 장사가 잘되지 않아서 오늘 노예시장을 접기로 했다는 거야. 그래서 해질녘까지 남아 있는 모든 이들은 왕의 노예로 팔아버릴 거라는 게 아니겠어? 나는 그 말을 듣고 절망에 빠졌어. 그런데 바로 그때 친절해 보이는 인상에 뚱뚱한 남자가 우리 쪽으로 다가왔고, 우리 중에 빵을 구울 줄 아는 사람이 있는지 물었지. 나는 그에게 가까이 가서 이렇게 말했어.

'주인님처럼 훌륭한 제빵사께서 왜 이런 곳에서 빵 굽는 자를 구하시려는 겁니까? 저처럼 배우고 싶어 하는 사람에게 주인님의 기술을 가르쳐주시는 편이 더 낫지 않겠습니까? 저를 한번 보십시오. 젊고, 힘도 세며 일하기를 좋아하는 사람입니다. 그러니 제게 기회를 주신다면 주인님의 지갑이 두둑해질 때까지 최선을 다해 일하겠습니다.'

내 적극적인 태도에 마음이 움직였는지 그는 노예상인과 흥정을 하기 시작했어. 나를 데리고 온 이후로 내게 눈길 한번 주지 않던 노예상인이 내 능력이며 건강, 성격에 대해 과장되게 늘어놓았지. 마치 내가 정육점에 팔려 가는 살찐 소가 된 것 같았어. 결국 너무나 기쁘게도 거래가 성사되었어. 나는 바빌론에서 가장 운이 좋은 사람이 된 기분이었지. 그렇게 나는 새로운 주인을 따라나섰다네.

내가 지낼 집은 아주 마음에 들었어. 내 주인 나나 나이드는 내게 빵 만들 준비는 어떻게 하는지 알려주었어. 안마당에 있는 돌그릇으로 보리를 빻는 방법부터 화덕에 불을 지피는 방법, 벌꿀 케이크에 들어가는 참깨가루를 아주 곱게 빻는 방법까지 가르쳐주었지. 나는 곡물 보관 창고에 있는 소파에서 지냈어. 나이 든 노예 스와스티는 집안일을 하는 가정부였는데, 그녀도 내게 음식을 잘 챙겨줬어. 내가 힘든 일을 도맡아 하자 내게 고마워했지.

내가 주인에게 가치 있는 존재라는 걸 증명해 보일, 그토록 바라던 소중한 기회가 바로 여기 있었어. 이 기회를 통해 언젠가 자유를 되찾을 수 있을 거라고 나는 생각했어.

나는 주인에게 빵을 반죽해서 굽는 방법도 가르쳐달라고 했어. 내가 열심히 해보겠다는 의지를 보이자 그는 매우 기뻐하며 알려주었지. 그렇게 계속 연습하다가, 내가 빵을 잘 구울 수 있게 되었을 때 벌꿀 케이크 만드는 방법을 알려달라고 했어. 그렇게 해서 나는 곧 모든 빵을 구울 줄 알게 되었지. 주인은 이제 자기는 빈둥거려도 되겠다며 좋아했어. 그러자 스와스티는 못마땅한 얼굴로 고개를 절레절레 저으면서 말했지.

'아닌데, 할 일이 없는 것은 그 누구에게도 바람직한 일이 아닌데…….'

나는 이제 자유를 얻기 위해 돈을 벌 방법을 찾아내야 할 때가 됐다고 생각했어. 빵 굽는 일이 정오면 끝났기 때문에, 오후에 돈벌이가 되는 일자리를 찾아 내가 번 돈을 주인과 나누겠다고 하면 허락해줄 거라고 생각했지. 그러다 이런 생각이 떠올랐어.

'벌꿀 케이크를 많이 만들어서 도시에 나가 길거리의 배고픈 사람들에게 팔아보는 거야.'

나나 나이드에게 이런 식으로 내 계획을 이야기했지.

'제가 빵 굽는 일을 다 한 뒤 오후 시간에 다른 일을 해서 돈을 벌어보고 싶은데요. 제가 번 돈을 주인님께 드리고, 일부는 제가 필요한 것을 사는 데 써도 괜찮을까요?'

'물론 괜찮지. 괜찮고말고.'

주인은 그 제안을 흔쾌히 받아들였어. 내가 이 계획을 이야기했을 때, 그는 아주 기뻐했다네. 그러면서 이렇게 제시했어.

'자, 그럼 이렇게 해보자고. 자네가 벌꿀 케이크 2개를 1페니에 팔면, 매출의 절반은 밀가루와 꿀, 장작을 사는 데 쓰겠네. 그리고 나머지 절반을 우리가 각각 반으로 나눠 갖는 거야.'

벌꿀 케이크 매출의 4분의 1을 내게 주겠다는 주인의 관대함이 너무나 고마웠어. 그날 밤 나는 늦은 시간까지 케이크를 들고 다닐 쟁반을 만들었어. 주인은 내가 사람들에게 말끔하게 보일 수 있도록 자기가 입던 옷 한 벌을 꺼내 주었고, 그 옷을 꿰매고 빨래하는 걸 스와스티가 도와주었지.

다음 날 나는 판매할 벌꿀 케이크를 구웠어. 갈색 케이크를 쟁반에 올려놓으니 먹음직스러워 보이더군. 시내에 나가 거리를 돌아다니면서 큰 소리로 벌꿀 케이크를 판다고 외쳤지. 처음에는 아무도 관심을 보이지 않아서 실망스러웠어. 하지만 계속해서 돌아다니다 보니 오후쯤 배고픈 사람들이 하나둘 다가오더니 케이크를 사 가기 시작했지. 케이크는 이내 다 팔려서 쟁반은 금방 텅 비어버렸어.

내가 케이크를 다 팔아 오자 나나 나이드는 아주 만족스러워했어. 그러고는 기꺼이 내 몫의 돈을 쥐어주었지. 나는 돈을 갖게 되어 기뻤어. 주인은 자기 노예가 열심히 일하는 것을 고맙게 여긴다고 했던 메기도의 말이 옳았어. 케이크를 성공적으로 판매한 일이 너무 기뻤던 나머지, 그날 밤 나는 흥분해서 잠을 잘 수가 없었어. 일 년에 내가 얼마나 벌 수 있고, 내 자유를 되찾기 위해서는 몇 년이 걸릴지 헤아려보았지.

케이크를 쟁반에 담아 매일매일 팔러 나갔더니, 단골손님들도 생겼어. 그중 한 분이 바로 자네 할아버지인 아라드 굴라였지. 그분은 양탄자상인이었는데, 도시 이곳저곳을 다니며 주부들에게 양탄자를 팔았어. 양탄자를 가득 실은 나귀한 마리와 나귀지기인 흑인 노예 한 명과 함께 다니셨지. 아라드 굴라는 늘 케이크를 4개 사서 흑인 노예와 함께 나누셨어. 그리고 케이크를 먹는 동안에는 나에게 여러 이야기를 해주셨지.

언젠가 자네 할아버지가 이런 이야기를 해주셨어. 내가 늘 기억하고 있는 이야기지.

'나는 자네가 만든 케이크를 좋아하지만, 자네가 이보다 더 큰 사업을 했으면 좋겠네. 보다 큰 꿈을 갖는다면 자네는 성공을 향해 나아갈 수 있어.'

하단 굴라, 자네는 이해할 수 있겠나? 대도시에서 외롭게 지내고 있는 젊은 노예에게 그런 격려의 말이 얼마나 힘이 되었는지를 말이야. 노예라는 비참한 신분에서 벗어날 방법을 찾기 위해 고군분투하고 있던 내게 자네 할아버지의 이야기는 정말 큰 힘이 되어주었지.

그렇게 몇 달이 지났고, 계속해서 내 지갑에 돈이 쌓이기 시작했어. 허리띠에 돈주머니를 달고 다니면 그 무게감이 느껴져서 기분이 좋아졌지. 메기도가 말한 대로 일은 내 가장 좋은 친구가 되어가고 있었어. 나는 행복해졌지만 스와스티는 점점 걱정이 늘어났어.

'주인님이 도박장에서 너무 긴 시간을 보내고 있어서 걱

정된다네.'

어느 날 우연히 길에서 메기도를 만났어. 너무나 반가웠지. 그는 채소를 가득 실은 나귀 세 마리를 끌고 시장으로 가는 중이었어. 메기도가 말했어.

'나는 아주 잘 지내고 있다네. 내가 일을 잘한다며 주인님이 나를 노예 중에서도 우두머리로 세워주었어. 이걸 보게. 그는 나를 믿고 장사 일까지 맡기고 있어. 게다가 내 가족에게도 먹을거리를 보내준다네. 큰 어려움을 만났어도 열심히 일을 하니 다시 회복할 수 있지 않은가. 이렇게 열심히 살면 언젠가는 자유를 되찾고 내 농장도 갖게 될 거야.'

그렇게 시간은 흘러갔고, 나나 나이드는 내가 거리에서 돌아오는 시간만을 초조하게 기다렸어. 내가 오면 곧바로 돈을 세어 내 몫을 나눠주고 뛰쳐나갔지. 벌꿀 케이크를 더 많이 만들어 팔아서 매출을 올리라고 재촉하기도 했어.

나는 종종 성문 밖으로 나가기도 했어. 성벽 공사를 하고 있는 노예 감독관들에게 케이크를 팔기 위해서였지. 그 끔찍한 광경을 보고 싶지는 않았지만 이들이 넉넉하게 케이크를 사주었기 때문에 어쩔 수 없었어. 그러던 어느 날, 바구니에 벽돌을 담으려고 줄을 서 있는 자바도를 보고 깜짝 놀랐어. 그는 너무나 수척해져 있더군. 게다가 그의 굽은 등은 노예 감독관들이 휘두른 채찍으로 생긴 상처로 가득했지. 그런 그를 보자 안쓰러운 마음이 들어 내가 만든 벌꿀 케이크를 하나 건넸어. 자바도는 마치 굶주린 동물처럼 입안으로 케이크를 욱여넣었지. 그의 탐욕스러운 눈빛에 덜컥 겁이 난 나는 그가 쟁반을 낚아채기 전에 황급히 달아나버렸어.

어느 날 아라드 굴라가 내게 물었지.

'자네는 왜 그렇게 열심히 일하는 건가?'

자네가 오늘 내게 했던 질문과 거의 같은 질문이었는데, 기억하는가? 나는 자네 할아버지에게 메기도가 해준 일에 대한 이야기를 들려드렸지. 어떻게 해서 일이 나의 가장 좋은 친구가 되었는지 말씀드렸어. 자랑스럽게 내 돈주머니를 열어 내가 가진 돈을 보여드리기도 했지. 다시 자유를 되찾기 위해 그 돈을 절약하고 있다는 것도 말씀드렸어. 그러자 그가 다시 물었어.

'자네는 자유를 되찾으면, 무슨 일을 하려고 하는가?'

'그때는 상인이 되고 싶습니다.'

그렇게 말하자, 그가 내게 이런 사실을 털어놓았어. 내가 절대로 예상할 수 없었던 이야기였지.

'자네는 몰랐겠지만, 나 또한 노예라네. 나는 내 주인과 함께 일을 하고 있어.'"

샤루 나다의 이야기를 조용히 듣고 있던 하단 굴라가 이 대목에서 깜짝 놀라며 말했다.

"그만, 그만하세요. 제 할아버지의 명예를 훼손하는 그런 거짓말은 더 듣지 않겠습니다. 할아버지께서는 노예가 아니셨다고요."

하단 굴라의 눈이 분노로 가득 차올랐다. 하지만 샤루 나다는 침착하게 반응했다.

"나는 아라드 굴라가 자신의 불행을 극복해내고 다마스쿠스의 앞서가는 시민이 된 것에 대해 존경스럽게 생각한다네. 그의 손자인 자네는 자네 할아버지와 같은 사람인가? 진실을 직면할 만큼 용기 있는 사람인가, 아니면 거짓된 환상 속에서 살고 싶어 하는 사람인가?"

하단 굴라는 안장 위에 자리를 고쳐 앉았다. 감정을 억누른 목소리로 그가 대답했다.

"할아버지는 모든 사람에게 사랑받았던 인물입니다. 그분은 셀 수 없을 정도로 많은 선행을 베푸셨지요. 기근이 닥쳤을 때 할아버지께서 직접 이집트까지 가서 곡식을 사 와 다마스쿠스의 굶주린 자들에게 나눠주셨을 정도였죠. 그런 분을 바빌론에서 멸시받았던 노예라고 말씀하시다니요."

"그분이 바빌론에서 계속 노예로 남아 계셨다면 아마도 멸시받으며 지내셨겠지. 하지만 스스로 노력한 결과 다마스쿠스에서 위대한 인물이 되셨어. 그러니 신조차 그분의 과거를 묵과하고 그를 존대해주셨던 거지."

샤루 나다는 이렇게 답하며 계속 이야기를 이어나갔다.

"자네 할아버지는 자신이 원래 노예라는 사실을 말씀하신 뒤에 자유를 얻기 위해 얼마나 애를 써왔는지 이야기해주셨어. 자신에게 자유를 살 만큼 충분한 돈이 생겼음에도 불구하고 무얼 어떻게 해야 할지 불안한 마음이 든다고 하셨지. 장사도 잘할 수 없을 것 같고, 무엇보다 주인을 떠나 그의 도움 없이 잘 살아나갈 수 있을지 두렵다고 하셨어.

아라드 굴라가 그렇게 주저하는 모습에 나는 이렇게 말했어.

'더 이상 주인에게 매달리지 마십시오. 자유민이 되십시오. 다시 한번 자유민이 된 기분을 느끼세요. 자유민처럼 행동하고 자유민처럼 성공을 거두세요! 아저씨께서 정말로 하고 싶었던 일이 무엇인지 정하신 다음 그 일을 해나가신다면

분명 성공해내실 겁니다!'

아라드 굴라는 자신의 나약함을 일깨워주어 정말 고맙다고 말하면서 길을 떠났지.

(바빌론의 노예제도는 지금 우리가 볼 때 모순적으로 보이지만, 법으로 엄격하게 규정돼 있었다. 예를 들어 노예는 그 어떤 종류의 자산이든, 심지어 다른 노예까지도, 물론 그 노예의 주인이 허락한다면, 소유할 수 있었다. 노예는 자유민과 결혼할 수 있었다. 어머니가 자유민인 자녀들은 자유민의 신분을 가졌다. 도시 상인들은 대부분 노예였고, 이들 가운데 대부분이 자기 주인과 동업을 했으며 개인 재산을 가질 수 있었다.)

어느 날 다시 성문 밖으로 나갔을 때야. 그곳에 군중이 가득 모여 있는 걸 보고 나는 깜짝 놀랐지. 옆에 있는 사람에게 어찌 된 영문인지 묻자 그가 말했어.

'아직 그 얘길 못 들었소? 왕의 호위병을 죽이고 탈출한 노예가 법의 심판을 받게 되었다지 뭐요. 그 죄로 오늘 태형에 처해질 거라고 합니다. 왕도 이 자리에 오신다 하고요.'

태형이 실행될 벌목 기둥 주변에는 사람들이 아주 많이 몰려 있었어. 벌꿀 케이크 쟁반이 뒤집힐까 봐 나는 그 주변으로 가지 않았지. 그 대신 위에서 내려다볼 요량으로 아직 공사 중인 성벽 위로 올라갔다네. 운 좋게도 그곳에서 네부카드네자르 왕이 황금 전차를 타고 지나가는 모습을 볼 수 있었지. 금빛 천과 벨벳으로 장식된 화려한 예복은 지금껏 본 적 없는 것이었어.

태형을 당하는 모습을 직접 볼 수는 없었지만, 가난한 노예의 고통스러운 비명은 그대로 내 귀에 들려왔어. 어떻게 이렇게 멋지고 고귀해 보이는 왕이 이런 끔찍한 광경을 가만히 보고 있는지 도무지 이해할 수가 없었지. 하지만 왕이 귀족들과 웃으며 농담하는 모습을 보자, 그가 잔인한 사람이라는 걸 알게 되었어. 그러니 노예들에게 이렇게 비인간적으로 성벽 쌓는 일을 지시했던 게 아니겠는가.

모진 매질로 그 노예가 죽은 이후에도 그의 시신은 다리에 밧줄이 묶인 채 벌목 기둥에 매달려 있었어. 그래서 누구든 가까이 가면 그 모습을 볼 수 있었지. 그 자리에 모였던 군중들이 흩어지기 시작할 때, 나는 그 벌목 기둥 가까이 가보았어. 털이 수북한 가슴에 뱀 두 마리가 꼬여 있는 문신이 있었지. 그는 내가 알던 해적이 틀림없었어.

다음번 아라드 굴라를 만났을 때, 그는 완전히 다른 사람이 돼 있었어. 나를 너무도 반갑게 맞아주며 이렇게 말했지.

'자, 보게나. 자네가 알던 노예가 이제 자유민이 되었네. 자네가 해준 말은 마법과도 같았어. 장사의 매출과 수익은 계속해서 늘어갔기에 내 아내는 매우 기뻐하고 있다네. 원래 아내는 내 주인의 조카로, 자유민이었지. 그녀는 내가 한때 노예였다는 사실을 아무도 모르는 낯선 곳으로 거처를 옮기고 싶어 했어. 그래야 우리 아이들이 아버지의 치욕적인 과거 때문에 남들에게 손가락질당하지 않을 거라고 말이야. 그래서 나는 이곳에 와서 이렇게 자유민이 되었다네! 일은 내게 가장 중요한 지지자가 되어주었어. 일을 통해 자신감을 얻었고, 장사도 계속해나갈 수 있게 되었지. 이게 모두 자네가 해준 이야기 덕분일세!'

비록 아주 작은 도움이었다 해도, 그가 내게 해준 격려에 보답이 되었다는 사실에 나는 너무나 기뻤어.

어느 날 저녁, 스와스티가 걱정에 휩싸인 채 내게 와 말했어.

'우리 주인에게 지금 큰일이 생겼네. 이걸 어쩌면 좋단 말인가. 몇 달 전 주인이 도박장에서 돈을 많이 잃고는 농부에게 밀가루값도, 벌꿀값도 하나도 주지 않았어. 돈을 빌린 사

람들에게도 갚지 않고 있었지. 그래서 화가 난 이들이 지금 주인을 협박하고 있어.'

그녀의 말에 나는 별생각 없이 답했지.

'왜 우리가 주인이 한 어리석은 짓을 걱정해야 합니까? 우리가 그의 주인도 아닌데요.'

'자네, 정말 어리석은 젊은이로군. 지금 이게 어떤 상황인지 모르고 있는 게야? 주인은 자네를 담보로 대금업자에게 돈을 빌렸어. 법에 따르면 자네를 팔아넘길 수 있단 말일세. 이것 참 어찌해야 할지 모르겠군. 우리 주인은 착한 사람인데, 왜 도대체 그에게 이런 문제가 생긴 거지?'

스와스티가 괜한 걱정을 했던 것이 아니었네. 다음 날 내가 빵을 굽고 있는데, 사시라는 남자와 함께 대금업자가 찾아왔어. 사시는 나를 찬찬히 훑어보더니 '데리고 가겠다'고 말했지.

대금업자는 주인이 돌아올 때까지 기다리지 않고, 스와스티에게 나를 데려간다고 전해달라고 했어. 옷은 대충 등에 걸치고 허리춤에 돈주머니를 찬 다음 곧장 길을 나섰지. 빵을 다 굽지도 못한 채 서둘러 떠나야 했어.

폭풍우가 숲에서 나무를 낚아채 소용돌이치는 바닷속으

로 내팽개치듯, 내 소중한 꿈은 그렇게 날아가버리고 말았어. 도박과 술이 또다시 나를 재앙 속으로 몰아넣고 말았지.

사시는 무뚝뚝하고 퉁명스러운 사람이었어. 그의 집으로 가는 길에 내가 그동안 나나 나이드에게 얼마나 많은 돈을 벌어다 주었는지 얘기했고, 당신을 위해서도 좋은 일을 하고 싶다고 말했어. 하지만 그의 대답을 들은 난 절망에 빠질 수밖에 없었지.

'난 그런 것에는 관심이 없네. 내 주인도 마찬가지일 걸세. 왕이 내 주인에게 대수로를 건설하라고 지시해서 나를 보낸 거니까. 주인은 내게 노예를 많이 구해서 무조건 빨리 이 일을 끝내라고 하셨지. 그런데 이렇게 엄청난 일을 어떻게 빨리 끝낼 수가 있겠나?'

단 한 그루의 나무도 없는 사막을 상상해보게. 있어봤자 사람 키보다 낮은 관목뿐이고, 뜨거운 태양만 타오르고 있는 그곳을 말이야. 그 열기로 물통에 담긴 물은 뜨겁게 데워져 도저히 마실 수가 없을 정도였지. 새벽부터 밤늦게까지 한 줄로 늘어선 남자들이 땅을 파고 무거운 흙을 바구니에 짊어지고 나르는 모습을 상상해봐. 여물통에 담긴 음식을 돼지들처럼 먹어야 했지. 천막도, 밀짚으로 된 침상도 없었어. 이게 바로 내가 처한 현실이었어. 다만 내 돈주머니는 다시 파낼 날이 올까 생각하며 땅속 깊은 곳에 묻어두었지.

처음에는 이곳에서도 난 열심히 일했다네. 하지만 시간이 지날수록 내 의지도 꺾이기 시작했지. 사막의 뜨거운 열기 때문에 내 몸은 더 지쳐만 갔어. 식욕도 사라져서 고기도, 채소도 아무것도 먹을 수가 없었지. 밤이 되면 불행한 생각에 사로잡혀 잠들 수조차 없었어.

그렇게 불행한 생활을 하고 있으니 만일 자바도라면 적당히 꾀를 부리면서 일하는 법을 알 거라는 생각이 들었어. 자바도였다면 자기 등이 부러질 정도로 아플 때까지 일하지 않았을 테니까. 하지만 마지막으로 그를 만났던 때를 떠올리며, 그처럼 꾀를 부리는 것이 결코 좋은 일이 아니라는 걸 깨달았지.

씁쓸했지만 해적의 모습도 떠올려보았어. 그처럼 감독관을 죽이고 탈출하는 것이 나은 게 아닐까 생각했지. 하지만 피를 흘리며 죽어간 그의 시체를 본 기억이 떠오르자, 그 방법도 소용없는 거라는 생각이 들었어.

그러고 나서 마지막으로 메기도를 보았던 기억이 떠올랐어. 그의 손은 험한 일로 거칠어지고 못이 박혀 굳어져 있었지. 하지만 그의 마음은 가벼워 보였고, 얼굴은 행복해 보였어. 그의 계획이 최선의 방법이었지.

하지만 나도 메기도만큼 열심히 일했어. 그가 나보다 더 열심히 일했다고 할 수 없을 정도로 나도 열심히 일했지. 하지만 왜 내가 했던 일은 내게 행복과 성공을 가져다주지 않는 걸까? 메기도에게 행복을 가져다준 것이 과연 일이었을까? 아니면 행복과 성공은 신이 정해주는 운명인 걸까? 나는 남은 인생 내내 일만 하며 살아야 하는 걸까? 내가 열망하는 것들은 갖지 못한 채, 그 어떤 행복과 성공도 얻지 못한 채? 이런 온갖 질문들이 내 마음속을 휘저었고, 아무런 답도 찾아낼 수가 없었지. 정말이지 나는 너무나 혼란스러운 상태였어.

며칠 뒤 내 인내심에 한계를 느끼고, 여전히 모든 질문에 대한 답을 찾지 못하고 있을 때였어. 사시가 나를 데리러 왔더군. 바빌론으로 나를 데리고 오라는 주인의 전령이 왔기 때문이었지. 깊이 묻어둔 내 소중한 돈주머니를 찾아 파냈고, 너덜너덜하게 뜯기고 해진 옷을 걸쳐 입고 길을 나섰지.

말을 타고 주인의 집으로 가는 동안, 이런저런 생각이 계속해서 내 머릿속을 맴돌았어. 아무리 생각해도 내 고향 하룬에서 전해 내려오는 성가의 이상한 노랫말처럼 살고 있는 것 같았지.

> 회오리바람이 그를 에워싸고,
> 폭풍이 그를 몰아세워,
> 그 누구도 그가 나아갈 길을 알지 못하고,
> 그 누구도 그의 운명을 예측할 수 없네.

내가 알지 못했던 것이 대체 무엇이길래, 이렇게 벌을 받는 운명이 나를 찾아온 걸까? 또 어떤 불행과 실망스러운 일들이 나를 기다리고 있을까?

우리는 주인의 집에 도착했고, 마당으로 들어섰어. 아라드 굴라가 나를 기다리고 있는 모습에 놀랐을 내 모습이 상상이나 가는가? 그는 나를 말에서 부축해 내려주었고, 마치 잃어버린 형제를 되찾은 사람처럼 나를 부둥켜 안아주었지.

집 안으로 들어가는 길에 나는 노예가 주인의 뒤를 따르듯 아라드 굴라의 뒤를 따라가려고 했어. 하지만 그는 내 어깨에 자기 팔을 감싸며 말했지.

'자네를 찾아 여기저기를 헤매고 다녔다네. 자네를 찾겠다는 희망을 거의 포기하려고 할 때쯤, 스와스티를 만났어.

그녀가 자네를 다른 주인에게 넘겼다는 대금업자에 대해 알려주었지. 자네 주인에게 엄청난 돈을 주고서야 자네를 다시 넘겨받을 수 있게 되었네. 자네는 그럴 가치가 있는 사람이니까 말이야. 자네의 철학과 진취적인 생각이 내게 성공으로 가는 새로운 길을 열어주었어.'

'그건 제 생각이 아니라, 메기도의 생각이었는걸요.'

'메기도의 생각이자 자네의 생각이었지. 자네 둘 덕분에 우리는 이제 다마스쿠스로 이사할 계획이네. 그리고 자네가 내 동업자가 되어주었으면 하네.'

그러고는 그가 외쳤어.

'자, 이제 자네는 자유민이 될 걸세!'

그는 이렇게 말하면서 허리춤에서 점토판을 꺼내 들었어. 내가 그의 노예라는 기록이 담긴 점토판이었지. 그는 그 점토판을 머리 위로 높이 들어 올렸다가 힘차게 바닥으로 내던졌어. 점토판은 산산조각이 났고, 그는 기뻐하면서 점토판 조각이 가루가 될 때까지 밟아댔지.

감격의 눈물이 내 눈에 가득 흘러넘쳤어. 나는 바빌론에서 가장 운이 좋은 사람이었어.

자네도 들었다시피, 내가 가장 큰 고통의 시간을 겪고 있을 때 일은 내 가장 좋은 친구가 되어주었다네. 일을 계속해서 하려고 고집했던 내 의지로 인해 성벽 공사에 동원되는 노예로 팔려나가지 않을 수 있었지. 자네 할아버지에게 이런 내 모습이 깊은 인상을 남겼고, 결국 그분은 나를 동업자로 택해주시기까지 했어."

그러자 하단 굴라가 물었다.

"그렇다면 일이 우리 할아버지가 부자가 되신 비밀의 열쇠였습니까?"

샤루 나다가 대답했다.

"내가 처음 아라드 굴라를 알게 되었을 때, 그가 가지고 있던 유일한 열쇠가 바로 일이었지. 자네 할아버지는 일을 즐기면서 하셨어. 신들이 그의 노력에 감탄하며 그에게 자유라는 보상을 내린 것이지."

하단 굴라가 깊이 생각하면서 이렇게 말했다.

"이제 알겠네요. 일을 통해 할아버지는 많은 친구를 얻으셨어요. 그리고 그분들은 할아버지가 즐기며 일을 하신 결과 성공에 도달하셨다는 사실에 감탄하셨죠. 할아버지께서 다마스쿠스에서 누렸던 영광을 가져다준 것도 바로 일이었어요. 할아버지께서 갖게 된 모든 부가 모두 일 덕분이었네요.

어리석게도 저는 일이란 노예에게나 어울리는 거라고 생각했지만요."

샤루 나다가 말했다.

"인생에는 즐길 거리도 가득하지. 하지만 각자 자신에게 맞는 자리가 있어. 나는 일이 노예를 위한 것만이 아니라는 사실에 기쁘다네. 만약 일이 노예만을 위한 것이었다면, 내게 있어 가장 큰 기쁨을 빼앗기게 되었겠지. 나는 많은 것을 즐기고 있지만, 그중에서 일을 대신할 수 있는 건 아무것도 없다네."

샤루 나다와 하단 굴라는 바빌론의 성벽에 드리운 그림자를 따라 걸어 올라갔고, 마침내 거대한 성문 앞에 다다랐다. 이들이 다가서자 성문을 지키던 병사들이 빠르게 뛰어나와 샤루 나다에게 정중히 경례했다. 샤루 나다는 고개를 높이 들고 대상의 선두에서 성문을 통과해 바빌론의 시가지로 들어섰다.

하단 굴라가 샤루 나다에게 말했다.

"저는 늘 할아버지 같은 사람이 되고 싶었습니다. 하지만 저는 할아버지께서 어떤 분이셨는지 제대로 알지 못했네요. 아저씨께서 제게 알려주셨어요. 할아버지가 어떤 분이셨는지 알고 나니, 그분을 더욱 존경하게 되었습니다. 그리고 저도 할아버지처럼 되기로 마음먹었어요. 할아버지의 성공 비결을 알려주신 아저씨께 보답할 방법이 있을지 모르겠습니다. 오늘부터 저도 그 비결을 따라 열심히 일하는 사람이 되겠습니다. 할아버지께서 그리하셨듯, 이 보석과 화려한 옷보다 제 처지에 어울리는 모습으로 겸손하게 시작하도록 하겠습니다."

그렇게 하단 굴라는 귀걸이를 떼어내고 손가락에 낀 반지도 내던졌다. 그리고 고삐를 당겨 말을 세우더니, 대상의 우두머리 샤루 나다에 대한 존경의 표시로 그의 뒤를 따랐다.

11장.
바빌론의 역사

역사의 페이지에서 바빌론만큼 화려한 도시는 존재하지 않는다. 바빌론이라는 이름 자체가 부와 화려함을 떠오르게 할 정도다. 바빌론의 금과 보석은 믿을 수 없을 만큼 엄청나게 많았다. 누구나 자연스럽게 바빌론을 호화로운 열대지방에 위치한 도시로 묘사하며, 숲이나 광산 등 풍부한 천연자원으로 둘러싸인 곳이었을 거라 상상한다. 하지만 사실은 그렇지 않았다. 바빌론은 유프라테스강 옆 평평하고 메마른 계곡에 위치했다. 그곳에는 숲도 광산도 없었다. 심지어 건축에 필요한 돌도 존재하지 않았다. 게다가 교역로에 위치한 것도 아니었고, 강우량 또한 적어 농작물이 잘 자라기 힘든 곳이었다.

바빌론은 그 어떤 수단이든 인간의 의지대로 활용해서 위대한 목표를 이뤄내는 인간의 능력을 잘 드러내 보여주는 곳이다. 이 커다란 도시를 만들어낸 모든 자원은 인간이 개발해낸 것들이었으며, 풍요로운 자산 역시 인간이 만들어낸 것이었다.

바빌론에는 단 두 가지 천연자원, 바로 비옥한 토지와 유프라테스의 강물이 있었다. 바빌론의 기술자들은 댐과 거대한 관개수로를 만들어 강물을 농토까지 끌어왔다. 바로 이것이 역사에 기록된 인류 최초의 토목공사다. 메마른 계곡을 지나 건설된 관개수로는 비옥한 땅 위에 물을 공급하며 생명체가 자랄 수 있도록 해주었다. 이렇게 해서 얻게 된 풍부한 농작물은 최초의 관개수로를 통해 얻은 보상이었다.

한편 다행스럽게도 오랜 기간 바빌론을 지배한 왕들은 그리 오만한 자들이 아니었다. 바빌론은 수많은 전쟁을 치렀지만 대부분 국지전에 지나지 않았고, 바빌론의 풍요를 탐내는 타 지역 정복자들을 방어하는 수준이었다. 바빌론의 훌륭한 통치자들은 지혜와 진취성, 정의로움을 지닌 인물들이었기에 이들의 발자취는 아직까지도 역사 속에 남아 있다. 온 세상이 바빌론에 경의를 표해야 한다는 착각에 빠져 다른 나라를 정복하려고 했던 거만한 왕이 바빌론에는 없었다.

바빌론이라는 도시는 더 이상 존재하지 않는다. 한때 수많은 인구가 살았던 유프라테스강의 이 계곡은, 오늘날 다시 바람에 휩쓸려간 메마른 땅이 되어버렸다. 비옥한 들판과 거대한 도시, 물건을 가득 실은 대상의 행렬도 사라졌다.

한동안 바빌론은 흙으로 덮여 있었다. 수세기 동안 여행객들도 이곳을 황무지로 여겼다. 그러다 이따금 쏟아지던 폭풍우에 떠내려온 토기 파편과 벽돌 조각들 때문에 마침내 고고학자들이 이 땅에 관심을 갖게 되었다.

이런 방식으로 수천 년 전 바빌로니아의 수메르인들이 성벽으로 둘러싸인 도시에 살고 있었음이 증명되었다. 우리는 이런 도시가 몇 세기 전에 존재했는지 추측만 할 수 있을 뿐이다. 다만 대부분의 학자들은 바빌론을 중심으로 발전했던 도시 문명권을 인류 역사에서 가장 오래된 문명으로 간주한다. 수메르인들은 단순히 성곽 안에서 살던 야만인이 아니었다. 이들은 충분한 교육을 받고 개화된 사람들이었다. 기록된 바에 따르면, 이들은 최초의 공학자이자 천문학자, 수학자, 금융가였으며, 최초로 문자 언어를 지니기도 했다.

게다가 바빌로니아 사람들은 계곡의 토지에 관개수로를

만들어놓았을 뿐 아니라 이와 비슷한 규모의 다른 공사까지 해냈다. 정교하게 배수장치를 만들어 유프라테스강과 티그리스강 하구의 거대한 늪지대를 개간해 농토로 만들었다.

그리스의 여행가이자 역사학자인 헤로도토스는 바빌론의 전성기에 이곳을 방문했다. 그가 바빌론에 대해 남긴 기록이 유일한 외부인의 기록이다. 그는 바빌론의 문명과 이곳 사람들의 독특한 풍습에 대해 자세히 남겼다. 헤로도토스는 바빌론의 토양이 얼마나 비옥했는지, 그리고 이들이 생산한 밀과 보리가 얼마나 풍족한 양이었는지도 언급했다.

이제 바빌론의 그 영광의 시절은 사라졌지만, 바빌론의 지혜는 아직까지 남아 있다. 그들이 남긴 기록을 통해 우리는 삶의 지혜를 얻을 수 있다. 종이는 발명되지 않았던 때이지만, 이들은 종이 대신 축축한 점토판 위에 열심히 글을 새겼다. 글을 다 새기면 이 점토판을 구워 단단하게 만들었다. 토판의 길이는 약 가로 15센티미터, 세로 20센티미터, 두께는 2.5센티미터 정도였다.

흔히 우리가 토판이라고 부르는 이것은 지금과 같은 글쓰기 형식을 사용하기 시작하면서 더 많이 쓰이게 되었다. 이 점토판 위에는 전설이나 시, 역사, 칙령의 필사본, 토지법, 재산

소유권, 약속어음, 전령들에 의해 먼 도시로 보내진 편지까지 새겨져 있었다. 이 점토판을 통해 우리는 그 시대를 살았던 사람들의 개인적인 삶까지도 엿볼 수 있다.

바빌론의 경이로움 중 하나는 바로 도시를 둘러싸고 있는 거대한 성벽이다. 고대인들은 바빌론의 성벽을 이집트의 피라미드와 함께 '세계 7대 불가사의' 중 하나로 평가했다. 세미라미스 여왕은 바빌론이라는 도시가 만들어진 초기에 최초로 성벽을 세운 여왕으로 알려져 있다. 하지만 현대의 역사 발굴자들은 원래 바빌론 성벽의 흔적을 찾아낼 수가 없었다. 그뿐 아니라 그 성벽의 정확한 높이 또한 알려지지 않았다. 초기에 기록을 남긴 사람들의 언급에 따르면, 이 성벽의 높이는 약 15미터에서 18미터로 추정된다. 불에 그을린 벽돌이 바깥쪽을 향하고 있고, 깊은 해자로 보호되고 있었다 한다.

이후 기원전 600년경 나보폴라사르 왕이 성벽을 다시 쌓기 시작한다. 아주 큰 규모로 재건을 계획했지만, 그는 작업이 완성되는 것을 보지 못하고 세상을 떠났다. 이 일은 성경에도 그 이름이 등장하는 느부갓네살(네부카드네자르)에게 남겨졌고, 그가 이 원대한 계획을 완성시킨다.

이때 만들어진 성벽의 높이와 길이는 믿어지지 않을 정도다. 어느 자료에 따르면, 이 성벽의 높이는 약 49미터로 15층짜리 건물의 높이와 버금갈 정도였고, 길이는 약 15~18킬로미터 사이였다. 성벽 상단의 폭도 매우 넓어서 육두마차가 자유롭게 돌아다닐 수 있을 정도였다고 한다.

바빌론은 현대 도시와 매우 비슷하게 계획된 도시였다. 거리에는 상점이 즐비했고, 주거지를 돌아다니며 물건을 판매하는 행상인들도 있었다. 성직자들은 웅장한 신전에서 집례했고, 도시 내부에는 왕궁을 둘러싼 높은 담이 있었다. 이 담은 바빌론 시내의 다른 담보다 더 높았다.

바빌로니아 사람들은 예술에 뛰어난 재능을 보였다. 조각이나 회화, 직조 및 세공에 탁월한 솜씨를 보였을 뿐 아니라 금속으로 무기와 농기구를 만들기도 했다. 바빌론의 보석 세공인들은 미적 감각이 상당히 뛰어났기에 매우 아름다운 보석을 만들어냈다. 이들이 만든 보석은 부유한 바빌론 시민들의 무덤에서 발견되었고, 현재 세계적으로 유명한 박물관에서 전시 중이기도 하다.

다른 나라에서는 여전히 돌도끼로 나무를 패고, 돌을 연마한 창과 화살로 사냥을 하거나 싸우던 시기에 바빌로니아 사람들은 금속으로 만든 도끼와 창, 화살을 사용하고 있었다.

한편 바빌로니아 사람들은 뛰어난 금융가이자 상인이었다. 지금까지 알려진 바에 따르면, 이들은 교환 수단으로 약속어음이라는 제도를 처음 만들어냈고, 최초로 재산권을 문서로 기록했다.

하지만 바빌론은 기원전 540년경 침략군에게 정복당하고 말았다. 그러나 심지어 그때에도 바빌론의 성벽은 무너지지 않았다. 바빌론의 멸망은 예상치 못한 일이었다. 당시 가장 위대한 정복자 중 하나였던 키루스 2세(페르시아 제국의 건설자_옮긴이)는 바빌론을 공격할 계획을 가지고 있었고, 난공불락의 성벽을 차지하고 싶어 했다. 그때 바빌론의 왕이었던 나보니두스는 원로들의 조언을 받아들여 바빌론이 포위되기 전 키루스 2세와 전쟁을 벌이기로 했다. 바빌론의 병사들이 계속해서 패배당하자, 나보니두스는 바빌론을 버리고 도망치고 말았다. 그렇게 해서 키루스 2세는 아무런 저항도 받지 않은 채 바빌론 성문으로 들어가 이곳을 통치하게 되었다.

기나긴 세월이 지나 바빌론의 웅대한 성벽은 산산이 부서져 먼지가 되어버렸지만, 아직까지도 바빌론의 지혜는 살아남아 오늘날까지 생생히 전해지고 있다.

바빌론의 현자가 들려주는 삶의 지혜

인류 역사에 한 획을 그었으나 지금은 사라진 역사 속 도시, 바빌론. 바빌론은 대략 1500년 동안 고대 세계의 중심지로 명성을 떨치며 부유함과 화려함을 과시하던 도시였다. 하지만 바빌론이 하루아침에 메소포타미아 지역의 최대 도시로 탈바꿈한 것은 아니다. 호화로운 문명도시는 과연 어떻게 만들어질 수 있었던 걸까?

《바빌론 부자의 비밀(The Richest Man in Babylon)》에는 고대 도시 바빌론을 배경으로 한 짤막한 이야기 10편이 담겨 있다. 흥미로운 이야기들을 따라가다 보면, 경제의 기본 원칙과 돈의 흐름, 부자가 되는 방법에 대해 자연스레 깨닫게 된다. 이곳 바빌론에 살았던 위대한 시민들 하나하나가 일찍이 부의 법칙을 깨닫고 각자의 삶에 그 법칙을 적용했기 때문에 이곳을 위대한 도시로 완성시킬 수 있었다.

이 책의 저자 조지 S. 클레이슨은 바빌론 사람들의 삶을 바탕으로 어느 시대에나 통용되는 경제활동의 법칙을 이해하기 쉽게 그려냈다. 통찰력 있는 그의 글을 통해 우리는 돈을 벌고, 저축하고, 투자하며, 예산을 짜고, 절약하며 사는 일이 얼마나 중요한지 알 수 있다.

한편 저자는 부자가 되는 비법뿐 아니라 삶을 살아가는 올바른 태도에 대해서도 넌지시 조언을 던진다. 그중 마지막 이야기에 담긴 주인공의 일에 대한 태도는 내 마음에 깊은 울림을 주었다. 주인공 샤루 나다는 억울하게 노예가 되어 너무나도 힘든 고난의 나날들을 보내야만 했던 사람이다. 하지만 그는 힘들고 어려운 상황에서도 일을 자신의 가장 좋은 친구로 삼았고, 맡은 일을 꾸준히 해내면서 주변 사람들에게 인정받았다. 다른 노예들과 달리 시종일관 성실하고 근면하게 생활했던 샤루 나다는 결국 노예의 삶에서 벗어나 다시 자유민의 신분을 얻게 되고, 물질적으로도 풍요로운 삶을 살게 된다.

꾸준하게 열심히 일하며 사는 것이 말처럼 그리 쉬운 일은 아니다. 사실 누구나 다 알고 있지만 실천하기 어려운 일일 것이다. 힘든 상황을 마주하면서도 일을 평생의 친구로 삼고,

기꺼이 즐기며 일했던 샤루 나다의 인생 이야기를 읽어 내려가면서, 일의 의미와 중요성에 대해 다시 한번 생각해볼 수 있었다.

이 책에서 소개하는 바빌론 현자들의 지침은 독자 여러분께 경제적인 번영과 성공하는 삶의 발판이 되어줄 것이다. 더불어 행복하고 만족스러운 삶에 좀 더 가까이 다가갈 수 있도록 도와줄 거라 믿는다. 그렇기에 이 책은 부자의 비밀이 궁금한 이들뿐 아니라, 더 나은 미래를 갈망하며 인생의 비밀을 찾아 헤매고 있는 우리 모두를 위한 책이 아닐까 싶다.

2023년 어느 늦은 가을날
이정란

옮긴이 **이정란**

세상과 사람에 대한 관심으로 사회학을 공부했다. 국민대학교 사회학과를 졸업하고 연세대학교 대학원에서 사회학 석사학위를 받았다. 출판사 에디터로 근무하면서 텍스트로 소통하는 일에 매력을 느껴, 호주 맥쿼리대학교 통번역대학원에서 석사학위를 받은 뒤 현재 전문 번역가로 활동 중이다. 역서로 《나는 나를 지배하고 싶다》《데일 카네기 비밀의 문장》《자포스는 왜 버려진 도시로 갔는가》《스파크》《선물의 힘》《나는 이제 나와 이별하기로 했다》《숫자를 읽는 힘》《루디크러스》등이 있다.

DoM 024

바빌론 부자의 비밀
고대 바빌론의 현자가 들려주는 부를 부르고 지키는 황금의 법칙

초판 1쇄 인쇄   2023년 12월 18일
초판 1쇄 발행   2024년 1월 1일

엮은이   조지 S. 클레이슨
옮긴이   이정란
펴낸이   최만규
펴낸곳   월요일의꿈
출판등록   제25100-2020-000035호
이메일   dom@mondaydream.co.kr

ISBN   979-11-92044-37-8 (03320)

'월요일의꿈'은 일상에 지쳐 마음의 여유를 잃은 이들에게 일상의 의미와 희망을 되새기고 싶다는 마음으로 지은 이름입니다. 월요일의꿈의 로고인 '도도한 느림보'는 세상의 속도가 아닌 나만의 속도로 하루하루를 당당하게, 도도하게 살아가는 것도 괜찮다는 뜻을 담았습니다.

"조금 느리면 어떤가요? 나에게 맞는 속도라면, 세상에 작은 행복을 선물하는 방향이라면 그게 일상의 의미이자 행복이 아닐까요?" 이런 마음을 담은 알찬 내용의 원고를 기다리고 있습니다. 기획 의도와 간단한 개요를 연락처와 함께 dom@mondaydream.co.kr로 보내주시기 바랍니다.